TRAININGSKURS
für Erwachsene

Die neue Rechtschreibung

Erarbeitet von
Hilmar Grundmann
Rolf Kronhagel
Erika Kuckuck
Michael Paul

Cornelsen

Zu diesem Arbeitsheft gibt es begleitende Handreichungen für den Unterricht mit Kopiervorlagen:
ISBN 978-3-464-61213-2

Redaktion: Otmar Käge; Dirk Germund, Köln; Helena Fischer, Berlin
Illustrationen: Gerhard Lahr, Berlin
Technische Umsetzung: werkstatt für gebrauchsgrafik, Berlin

www.cornelsen.de

4. Auflage, 4. Druck 2011 / 06

Druck: CS-Druck CornelsenStürtz, Berlin

ISBN 978-3-464-61212-5

Inhalt gedruckt auf säurefreiem Papier aus nachhaltiger Forstwirtschaft.

Inhaltsverzeichnis

1 Groß- und Kleinschreibung

1.1 Substantive/Nomen

Substantive (= Nomen) haben die Aufgabe, Gegenständliches (*Baum, Haus*) und Abstraktes (*Liebe, Freundschaft*) zu bezeichnen. Probleme ergeben sich dadurch, dass prinzipiell jede Wortart zum Substantiv werden kann („Substantivierung"), aber Substantive auch z. B. zu Adverbien werden können („Desubstantivierung").

Substantivierung: *das Laufen, das Werden, das Schöne, eine Sie, ein großes Wenn*
Desubstantivierung: *ernst nehmen, pleite sein, ein bisschen*

Nun bleibt zu klären, woran man Substantive erkennt, wenn man (wie jeder von uns) Schwierigkeiten beim Schreiben von Texten hat.
Ein Wort ist dann ein Substantiv bzw. wird zum Substantiv (Substantivierung), wenn vor ihm ein bestimmter oder unbestimmter Artikel (***der*** *Baum*, ***ein*** *Baum*) sowie ein Adjektiv (***großer*** *Baum, der* ***große*** *Baum*) steht oder stehen könnte.
Tatsächlich vorhandene oder nur gedachte Artikel bzw. Adjektive nennt man **Begleiter**.
Nach wie vor gilt folgende Grundregel:

Substantive werden großgeschrieben.
Baum, Haus, Mann, Frau, Himmel, Gefühl, Liebe, Hass

Wörter, die ihre substantivischen Merkmale verloren haben, werden kleingeschrieben (Desubstantivierungen). Es handelt sich u. a. um:
- **Adverbien**
  z. B. *anfangs, rings, mitten, morgens, rechtens*
- **Präpositionen und Teile von präpositionalen Fügungen**
  z. B. *dank, kraft, laut, statt, trotz, namens, seitens*
- **unbestimmte Pronomen und unbestimmte Zahlwörter**
  ein bisschen, ein paar (= einige)
- ***angst, bange, gram, leid, pleite, schuld*** **in Verbindung mit** ***sein, bleiben, werden***
  Mir ist angst. Er ist pleite. Er ist ihr gram. Ich bin schuld.
  aber: *Er hat Pleite gemacht. Er hat Angst.*
- ***ernst*** **in Verbindung mit** ***sein, werden, nehmen***
  Er nahm die Gefahr ernst. Man kann ihn nicht ernst nehmen. Er wurde wieder ernst.
  aber: *Er machte mit seiner Drohung Ernst.*
- ***recht, unrecht, wert*** **u. a. in der Verbindung mit** ***sein***
  Diese Handlung ist unrecht. Das ist es mir nicht wert.
  aber: *Er ist im Recht. Er hat Recht/recht. Sie legte großen Wert auf deutliche Aussprache.*

1 Denken Sie sich sechs Substantive und mögliche Begleiter aus.

der Gedanke ein Haus ein großer Tag

___

___

2 **Ordnen Sie die Wörter den entsprechenden Wortarten zu.**

RAUCHEN, DU, BÜRO, GRÜN, RECHNEN, WEIHNACHTEN, ER, COMPUTER, GROß, GEHALT, DER, VIEL, TELEFONIEREN, EIN, SIE

Verben: ______________________________

Substantive: ______________________________

Adjektive/Zahladjektive: ______________________________

Artikel: ______________________________

Personalpronomen: ______________________________

3 **Ergänzen Sie die Sätze. Entscheiden Sie über die korrekte Groß- bzw. Kleinschreibung.**

An seiner Erkältung hatte das kalte Wetter ______________. (Schuld)

Wir alle müssen unsere ______________ tragen. (Schuld)

Der Busfahrer ist zweifellos an dem Unfall ______________. (Schuld)

Sind etwa Sie an dem Unglück ______________? (Schuld)

Meine Tante ist mir ____________, weil wir auf der Durchreise nicht bei ihr übernachteten. (Gram)

Das wechselhafte Wetter ist ______________ an seiner Erkältung. (Schuld)

Er verheimlichte uns lange, dass er vollkommen ____________ ist. (Pleite)

Angesichts der Bilanzen wurde ihr ______________________________. (Angst und Bange)

„Nehmen Sie den Hinweis gefälligst __________." (Ernst)

Ich bin es ________, dich immer wieder zu ermahnen. (Leid)

Doch, das meine ich ganz im __________. (Ernst)

Es geschieht euch schon kein ________! (Leid)

Ist Ihnen mein Vorschlag ____________? (Recht)

Sie besitzen ein ____________ darauf! (Recht)

Ich muss zugeben, dass die Gegenpartei im ____________ ist. (Recht)

Das geschieht ihm ____________. (Recht)

Ist dir das einen Streit __________? (Wert)

Diese Aussage hat keinen großen __________. (Wert)

4 **Entscheiden Sie, ob groß- oder kleingeschrieben wird.**

Bestimmte Wörter finden sich auffällig häufig im Sprachgebrauch der Bürokratie. So könnte eine Meldung lauten: Die Polizei regulierte (k/K)___raft ihres Amtes den Verkehr. Wie ein Sprecher sagte, sei (d/D)___ank dieser Maßnahme, die im Übrigen (r/R)___echtens gewesen sei, ein größerer Stau vermieden worden. Auch (s/S)___eitens der Verkehrsteilnehmer, die (t/T)___rotz der Überlastung der Beamten zu der Maßnahme befragt worden seien, hätten sich fast alle positiv geäußert. Den Beamten, die im Einsatz waren, dankte ein Sprecher (n/N)___amens des Regierungspräsidenten.

1.2 Substantive/Nomen in festen Verbindungen – Doppelschreibungen

Im Deutschen gibt es eine Fülle von Wendungen, in denen Substantive Bestandteile fester Gefüge sind. Vor der Rechtschreibreform hing die Groß- oder Kleinschreibung der Substantive auch davon ab, ob sie noch als solche empfunden wurden bzw. inzwischen „verblasst" waren. So standen nebeneinander: *Er ist radgefahren, er fährt Rad. Sie ist Auto gefahren, sie fährt Auto.* Ebenso schrieb man: *Mit Bezug auf Ihr Schreiben* und: *In bezug auf …* Nach der Rechtschreibreform lautet der Grundsatz: Bei Getrenntschreibung werden Substantive großgeschrieben. (Zu den Ausnahmen s. S. 28.)

Großgeschrieben werden Substantive in getrennt geschriebenen Verbindungen von Substantiv und Verb.
Er fuhr Rad; er ist Rad gefahren. Sie lebte streng Diät.

→ Ausnahmen bei *sein, werden* usw. s. S. 4; bei *heim-, irre-, preis-* usw. S. 28.

Neu!

Großgeschrieben werden Substantive in adverbialer Verwendung. Vielfach ist allerdings auch Zusammenschreibung – und damit Kleinschreibung – möglich. Die Schreibenden müssen sich entscheiden, ob es sich um eine Wortgruppe (groß) oder um eine Zusammensetzung (klein) handelt.

außer Stand setzen	*außerstand setzen*	*zu Rande kommen*	*zurande kommen*
außer Stande sein	*außerstande sein*	*zu Schanden machen*	*zuschanden machen*
im Stande sein	*imstande sein*	*zu Stande bringen*	*zustande bringen*
in Frage stellen	*infrage stellen*	*zu Tage fördern*	*zutage fördern*
zu Grunde gehen	*zugrunde gehen*	*zu Wege bringen*	*zuwege bringen*
in Kraft treten	–	*zu Mute sein*	*zumute sein*

Wegen seiner guten Beziehungen kam das Geschäft zu Stande. (Aber auch: *Wegen seiner guten Beziehungen kam das Geschäft zustande.*) *Trotz aller Warnungen ließ er bei seiner Bergtour alle Vorsicht außer Acht.*

Neu!

Substantive in Fügungen mit präpositionaler Verwendung werden großgeschrieben. Auch hier sind vielfach Doppelschreibungen möglich.

zu Gunsten	*zugunsten*	*auf Grund*	*aufgrund*
zu Lasten	*zulasten*	*im Grunde*	–
auf Seiten	*aufseiten*	*in/mit Bezug auf*	–
von Seiten	*vonseiten*	–	*anhand*
mit Hilfe	*mithilfe*		

Auf Grund von Zeugenaussagen wurde er überführt. Aufgrund fehlender Beweise wurde das Verfahren eingestellt.

1 Groß oder klein?

Markus ist in seinen letzten Urlaub mit dem (a/A)___uto gefahren.

Silke hat nach ihrem VHS-Kurs perfekt (m/M)___aschine geschrieben.

Wegen seiner Erkrankung konnte Steffen der Aufforderung, zum Rathaus zu kommen, nicht (f/F)___olge leisten.

Klaus fuhr jeden Winter (s/S)___ki laufen.

Einkaufen findet Frau Weber toll, aber dass sie (s/S)___chlange stehen musste, hat sie gehasst.

Als sie das neue Modell sah, hatte sie gleich (f/F)___euer gefangen.

Wenn die Polizei diesmal nicht schneller am Tatort ist, werden die Einbrecher wieder das (w/W)___eite suchen.

Die Anbieter müssen nach neuen Käuferschichten (a/A)___usschau halten.

2 **In den folgenden Sätzen sind – bis auf den ersten Satz – Groß- und Getrenntschreibung, aber auch Klein- und Zusammenschreibung möglich. Entscheiden Sie sich für eine Form.**

Die neue Gebührenordnung kann erst im neuen Jahr ________________ treten. (INKRAFT)

Wegen der schwierigen wirtschaftlichen Lage waren seine Eltern ______________________, sein Studium zu finanzieren. (AUßERSTANDE)

Im Augenblick dürfte Bernd ___________________________ sein, eine Familie zu gründen. (AUßERSTANDE)

Im nächsten Jahr könnte Manfred _______________________ sein, die Meisterschaft zu erringen. (IMSTANDE)

Heiner wird seine Berufschancen mit seinem Verhalten immer wieder __________________ stellen. (INFRAGE)

Durch die Flussverschmutzung wird der ausgesetzte Fischbestand erneut _____________ gehen. (ZUGRUNDE)

Wie wird Helmut nach seiner erneuten Enttäuschung ________________ sein? (ZUMUTE)

Oliver wird sicher mit seiner Ausbildung gut ___________________ kommen. (ZURANDE)

Wenn sich Egon weiter so gehen lässt, wird er alle Hoffnungen seiner Mutter ____________________ machen. (ZUSCHANDEN)

3 **In den folgenden Sätzen sind – bis auf die drei ersten Sätze – Groß- und Getrenntschreibung, aber auch Klein- und Zusammenschreibung möglich. Entscheiden Sie sich für eine Form.**

Sie haben _______________________ das Abstimmungsergebnis in Halle nicht Recht. (IN BEZUG AUF)

_____________________________ Ihr letztes Schreiben lege ich Beschwerde gegen diese Behandlung ein. (MIT BEZUG AUF)

_________________ ist diese Sicht der Dinge nicht akzeptabel. (IM GRUNDE)

_________________ Ihres Verhaltens sehen wir uns gezwungen, den Vertrag zu lösen. (AUFGRUND)

In diesem Falle ist es unklug, _________________ des Angeklagten zu stehen. (AUFSEITEN)

_________________ der Konsumenten ist dies anders zu sehen. (VONSEITEN)

_________________ der neuen Benutzeroberfläche sind die Programme leichter zu lernen. (MITHILFE)

Helmut verzichtete ___________________ seiner Schwester auf einen Teil seines Erbes. (ZUGUNSTEN)

Der Bebauungsplan wurde ____________________ der Eigentümer verändert. (ZULASTEN)

4 **Im folgenden Text sind bei einigen Wendungen Großbuchstaben verwendet und möglicherweise auch Wortzwischenräume vergessen worden. Schreiben Sie den Text in der richtigen Form ab.**

Werbung für eine Landschaft

Auch für diejenigen, die nicht mit dem AUTOFAHREN wollen, bietet z. B. Mainfranken gut markierte Wanderwege. Wer sich bei der Tourist-Information erkundigen will, sollte aber seine Anfrage ZUGUNSTEN der besseren Bearbeitung mit der MASCHINEGESCHRIEBEN absenden. Man wird in der Antwort erfahren, dass man etwa bei einem Urlaub im Steigerwald abseits der Touristenströme immer noch eine ruhige KUGELSCHIEBEN kann, insbesondere dann, wenn man trotz aller Verlockungen durch die heimischen Weine dem Arzt FOLGELEISTET und beim Alkoholkonsum MAßHÄLT. Wer die Attraktionen der Gegend besuchen will, muss nur selten SCHLANGESTEHEN. Auch im Winter kann hier SPORTGETRIEBEN werden, denn auf zahlreichen Seen darf man SCHLITTSCHUHLAUFEN. Für die vielfältigen Möglichkeiten, sich zu erholen, sollte man der Kurverwaltung DANKSAGEN, denn in anderen Gegenden kann man schon einmal PECHHABEN und hat dann den Wunsch, ganz schnell das WEITEZUSUCHEN.

1.3 Kleinschreibung von Adjektiven

Adjektive haben die Funktion, Auskunft über die Eigenschaft von Dingen, Personen, Sachverhalten, Umständen oder Vorgängen zu geben.

Der Mann geht über die Straße.
Der alte Mann geht über die breite, sehr stark befahrene Straße.

Adjektive werden immer kleingeschrieben. Dies gilt auch dann, wenn ein Artikel davorsteht, der zu einem Substantiv gehört, oder wenn sich das Adjektiv auf ein vorhergehendes oder nachstehendes Substantiv bezieht.
Die großen Fische fressen die kleinen.
Ich brauche keinen neuen Stift, ich nehme den alten.
Die schönste Birne ist nicht immer die schmackhafteste.

Mit Hilfe der Adjektive können Sie auch Vergleiche anstellen. Man unterscheidet dabei drei Stufen: Positiv, Komparativ und Superlativ.

Im Positiv, Komparativ oder Superlativ gebrauchte Adjektive werden kleingeschrieben.
Positiv: *gut/schnell*
Komparativ: *besser/schneller*
Superlativ: *am besten/am schnellsten*

Thorsten schreibt gut,
Volker schreibt besser,
Jürgen schreibt am besten.

Tanja fährt schnell,
Martina fährt schneller,
Beate fährt am schnellsten.

Die Schreibweise des Positivs, Komparativs und Superlativs können Sie mit Hilfe des Fragewortes *Wie?* erkennen.

Superlative, nach denen Sie mit *Wie?* fragen können, werden kleingeschrieben.
Wie fährt Beate? *am schnellsten*
Wie schreibt Jürgen? *am besten*

Herkunftsbezeichnungen auf *-isch* werden kleingeschrieben; dies gilt auch für die adjektivischen Ableitungen von Substantiven.
rheinische Städte, spanische Stiere, der italienische Salat, brasilianischer Kaffee, französischer Wein
Beachten Sie: *-er* ist in den letzten Beispielen grammatische Endung, wie eine Umformung zeigt: ***der** brasilianische Kaffee;* **der** *französische Wein*

→ Die Regelungen bei *-er* s. S. 10; bei Eigennamen und bei festen Wendungen s. S. 14.

1 Bilden Sie zu den Adjektiven ein Adjektiv mit der gegenteiligen Bedeutung und formulieren Sie jeweils die zwei Steigerungsformen. Beispiele: *groß – klein; groß, größer, am größten; klein, kleiner, am kleinsten*

dick – ______________________________

leicht – ______________________________

breit – ______________________________

alt – ______________________________

spät – ______________________________

2 Ergänzen Sie die Lücken, indem Sie jeweils (wo möglich) den Superlativ der in Klammern stehenden Wörter verwenden. Beispiel: *Sie hatte von allen Teilnehmern des Kurses* ***am meisten*** *Zeit.* (viel)

Er suchte sich von allen Aufgaben die ____________ aus. (bequem)

Unter allen Besuchern war Günter derjenige, der ____________ eintraf. (spät)

Er war auf dem Foto sofort zu erkennen, denn er war mit Abstand das ____________ Familienmitglied. (alt)

Ihr fiel die zweite Aufgabe am ____________ (leicht).

Das Hundertwasser-Haus in Wien kann man kaum verfehlen, da es das ____________ in der ganzen Umgebung ist. (bunt)

Sie freute sich auf ein Treffen mit ihrem ____________ Freund. (lieb)

Für das „blind date" nahm er nur das mit, von dem er glaubte, dass er es am ____________ brauchen würde. (nötig)

3 Übertragen Sie den Konzertbericht über die Punkrock-Gruppe Sex Pistols in die Normalschreibung. Unterstreichen Sie die Adjektive. Achten Sie auch auf die Schreibweise der Verben – einige werden großgeschrieben (s. S. 18).

SEX PISTOLS AUF TOUR IN FRANKREICH

AUF IHRER ERSTEN FRANKREICH-TOURNEE SPIELTEN DIE SEX PISTOLS IN DER FRANZÖSISCHEN METROPOLE VOR RUND 5000 LEUTEN UND BRACHTEN DIE SONST EHER ZURÜCKHALTENDEN FANS TOTAL ZUM AUSRASTEN. AUF DER BÜHNE GABEN JOHNNY „ROTTEN", STEVE JONES, PAUL COOK UND GLEN MATLOCK IHR ÄUẞERSTES. NEBEN HYPERSCHNELLEN FETZERN BRACHTEN DIE VIER EINE SATTE PACKUNG VON IHREN ÄLTEREN KLASSIKERN, WOBEI SIE KEINE SEKUNDE STILLSTANDEN. DIE JUNGS RASTEN WIE DIE GEÖLTEN BLITZE KREUZ UND QUER ÜBER DIE BÜHNE, LEGTEN AUS VOLLEM GALOPP OLYMPIAREIFE SPRÜNGE HIN UND STÜRZTEN GELEGENTLICH BÄUCHLINGS AUF DIE BRETTER. MIT WILDEN GRIMASSEN UND BIZARREN TANZEINLAGEN SORGTEN SIE AUF DER RIESIGEN BÜHNE FÜR EIN ABSOLUTES CHAOS. NACH DEM 60-MINÜTIGEN KONZERT MUSSTE DIE POLIZEI DIE FANATISCHEN ANHÄNGER DER BAND MIT EINER KALTEN DUSCHE AUS DREI WASSERWERFERN WIEDER ABKÜHLEN. DIE FRANZÖSISCHEN FANS ERSCHIENEN ZUM KONZERT MIT FANTASIEVOLL GESCHMINKTEN GESICHTERN UND MIT GRELL GEFÄRBTEN HAAREN IN DEN BRITISCHEN NATIONALFARBEN KREIDEWEIẞ, STAHLBLAU UND FEUERROT. NACH DER SHOW KAM ES ZU EINER WILDEN RANDALE VOR DEM „OLYMPIA", BEI DER NEBEN DEN 5000 KONZERTBESUCHERN NOCH EINMAL SO VIELE FANS MITMISCHTEN, DIE KEIN TICKET MEHR ERGATTERN KONNTEN. JOHNNYS KOMMENTAR: „DAS HAT MICH WIRKLICH BERUHIGT. ICH FÜRCHTETE SCHON, UNSERE FANS WÄREN MÜDE UND SPIEẞIG GEWORDEN."

1.4 Großschreibung von Adjektiven

Adjektive werden großgeschrieben, wenn sie die Funktion eines Substantivs übernehmen; man spricht dann von substantivierten Adjektiven.
Das Neue setzt sich durch.
Der Beste bzw. die Beste gewinnt den Wettbwerb.
Der glückliche Alte hörte die Lobesworte gern.
Superlative, nach denen Sie mit *Woran?* und *Worauf?* fragen können, werden großgeschrieben.
In Afrika fehlt es den Menschen oft am Nötigsten. (Woran?)
Um im Wettbewerb bestehen zu können, seid ihr auf das Beste angewiesen. (Worauf?)
Adjektive werden in Verbindung mit Wörtern wie *alles, allerlei, etwas, genug, nichts, viel, wenig* großgeschrieben.
alles Gute, allerlei Buntes, viel Schönes, etwas Grünes
Von geografischen Namen abgeleitete Wörter auf *-er* werden großgeschrieben.
der Kölner Dom, das Ulmer Münster

1 Vergleichen Sie die Sätze und stellen Sie fest, was sich verändert hat.

Dort läuft die hübsche Frau aus der Diskothek.
Dort läuft die Hübsche aus der Diskothek.
Der unverschämte Kunde beleidigt täglich die Telefonistin.
Der Unverschämte beleidigt täglich die Telefonistin.
Ein schwieriger Punkt bei den Adjektiven ist die Groß- und Kleinschreibung.
Das Schwierige bei den Adjektiven ist die Groß- und Kleinschreibung.

2 Ersetzen Sie die Leerstellen durch die entsprechende Groß- oder Kleinschreibung.

Wir bringen das ___euste aus aller Welt.

Hier sind die ___eusten Nachrichten.

Das herrliche ___rün der Auen strahlte uns an.

Die ___rünen Auen lachten uns an.

Sie hatte viel Sinn für das ___ögliche.

Sie hatte ein Gespür für ___ützliche Informationen.

Ich besuchte den ___ranken Mitschüler.

Ich besuchte den ___ranken.

3 Setzen Sie die Anfangsbuchstaben richtig ein.

Ein Wochenbeginn

Es ist Montagmorgen, ein neuer Arbeitstag beginnt. Das (u/U)___nerwartete an diesem Wochenbeginn ist, dass die (j/J)___unge Abteilungsleiterin uns alle in die Cafeteria bittet. Wir nehmen Platz und der (l/L)___ange Willi, von uns allen nur der (g/G)___roße genannt, hat Schwierigkeiten, seine Beine unter den (n/N)___iedrigen Tisch zu bekommen. Er ist wirklich ein (g/G)___roßer Kerl! Während der Zeit, in der wir warten müssen, gibt Willi einige Witze zum (b/B)___esten. Um 9 Uhr betritt Frau Kleinholz in Begleitung einer jungen (b/B)___londen Frau, die sie uns als Karla Weber vorstellt, den Raum. Sie sagt, die (n/N)___eue werde jetzt in der Abteilung arbeiten, verrät aber leider nicht das (g/G)___eringste über die Kompetenzen der (b/B)___londen.

4 Formulieren Sie mit Hilfe der Adjektive und der unbestimmten Zahlwörter kurze Wendungen.
Beispiel: *süß; allerlei → allerlei Süßes*

nützlich; manches ______________________________

besonders; nichts ______________________________

feucht; etwas ______________________ nett; viel ______________________

anspruchsvoll; wenig ______________________ schlecht; wenig ______________________

möglich; alles ______________________ essbar; genug ______________________

5 **Groß oder klein? Listen Sie auf. Beispiel:** ***polnische Gänse, Lübecker Marzipan, …***

FRANKFURTER WÜRSTCHEN, FRÄNKISCHER KARTOFFELSALAT, THÜRINGER BRATWURST, ARGENTINISCHE STEAKS, IRISCHE FISCHE, CHINESISCHE BOHNEN, FRANZÖSISCHER CHAMPAGNER, SPANISCHE WEINTRAUBEN.

____

____

____

6 **Setzen Sie die richtige Form ein (in Zweifelsfällen s. Regeln, S. 14).**

Reisefieber

Dass die Deutschen gerne reisen und auf einiges eher verzichten wollen als auf ihre alljährliche Urlaubsfahrt, ist bekannt. Die boomende Reisebranche stellt sich dabei auf die unterschiedlichsten Geldbeutel und Vorlieben ein. Nicht jeden lockt der (B/b)___ayerische Wald mit seinen gut ausgebauten Wanderwegen. Manch einer mag einen Bummel durch die (N/n)___ew Yorker Kunstszene bevorzugen. Auf jeden Fall lohnt sich eine gute Urlaubsplanung, egal ob es sich um einen Segeltörn durch den (S/s)___tillen Ozean oder um eine Besichtigungstour durch die (B/b)___ayerischen Schlösser Ludwigs II. handelt. Einige Urlauber bereiten sich schon Monate vorher mit (H/h)___omerischen Epen auf die sommerliche Griechenlandreise vor oder stimmen sich mit (G/g)___oetheschen Dramen auf eine Bildungstour nach Weimar ein. Sicherlich ist eine Fahrradtour durch die (N/n)___orddeutsche Tiefebene preisgünstiger und im Detail besser zu planen als eine Reise in die (V/v)___ereinigten Staaten oder gar in den (F/f)___ernen (O/o)___sten. Dafür ist vielleicht der Anblick der (G/g)___roßen Mauer in China ein bisschen aufregender als die abendlichen Bratkartoffeln im Gasthaus (Z/z)___um (G/g)___oldenen (A/a)___nker. Gerade die Vorstellung von ungewohnter fremdländischer Küche schreckt viele Leute von einer Reise ins Ausland ab. Da mag (S/s)___chweizer Käse oder (I/i)___talienischer Salat gerade noch gehen, aber bei (C/c)___hinesischen Nudeln oder (N/n)___orwegischer Fischsuppe hört bei ihnen der Spaß auf. Für andere wiederum kann es, was kulinarische Genüsse anbelangt, gar nicht exotisch genug zugehen. Aber schließlich hat jeder die Wahl und kann versuchen, nach „seiner Fasson selig“ zu werden: Für den naturbegeisterten Rentner gibt es die (M/m)___ecklenburgische Seenplatte, für den Ruhebedürftigen das (S/s)___ankt (G/g)___aller Kloster, für den sportlichen Manager das Gleitschirmfliegen in den (S/s)___avoyer Alpen, für den bildungsbeflissenen Akademiker die Meile von der (S/s)___panischen Treppe bis zu den (V/v)___atikanischen Museen, für den erlebnishungrigen Teenager die (I/i)___talienische Riviera, für den Gesundheitsapostel das (B/b)___ad (K/k)___rozinger Kurgebiet und für den Yuppie den Stadtbummel durch die (L/l)___ondoner City. Und so manch einer hat, wie man weiß, seine schönsten Ferien schon am (H/h)___eimatlichen Baggersee verbracht, mit der Luftmatratze und einem spannenden Buch – schließlich auch eine Art Reise, vielleicht nicht die schlechteste.

1.5 Zahlen, unbestimmte Zahladjektive, Farb- und Sprachbezeichnungen

Auch in diesem Bereich hat die Rechtschreibreform einige Schwierigkeiten beseitigt. Viel zitiertes Beispiel für die früheren Unterscheidungen ist: *Sie fuhr als erste/als letzte* (= zuerst/zuletzt) *ins Ziel. Sie fuhr als Erste/als Letzte durchs Ziel* (= als Siegerin/als Verliererin). Solche Unterschiede werden heute nicht mehr gemacht: Es wird einheitlich großgeschrieben.

Kleingeschrieben werden
- **Kardinalzahlen unter einer Million, Ordnungszahlen und Bruchzahlen.**
  eins, zwei, drei, …, hundert Euro; hunderttausend
  der erste Schnee, der millionste Besucher (aber: *eine Million neunhunderttausend Euro*)
  eine viertel Million (auch: *eine Viertelmillion*), *ein achtel Liter* (auch: *ein Achtelliter*)

Neu!

Großgeschrieben werden
- **substantivierte Kardinal-, Ordnungs- und Bruchzahlen.**
  Er hatte eine Eins geschrieben. Mit dieser Zahlung ist das Tausend voll.
  der, die, das Erste, Zweite, Dritte, …, Hundertste, Tausendste
  Sie kam als Erste nach Hause, Hans dagegen als Letzter. Ein Viertel der Summe fehlt.
  Aber: Handelt es sich um eine unbestimmte Menge, kann wahlweise klein- oder großgeschrieben werden: *Ihm jubelten hunderte/Hunderte zu.*
- **substantivierte unbestimmte Zahladjektive.**
  Zum Konzert kamen Unzählige. Bei der Lösung dieser Aufgabe war jeder Einzelne auf sich gestellt.
  Aber: Die vier unbestimmten Zahladjektive *eine, andere, viel, wenig* werden in der Regel kleingeschrieben, bei Substantivierung ist auch Großschreibung möglich: *Ich habe mir unter „Strandnähe" etwas anderes/Anderes vorgestellt. Die meisten/Meisten ekeln sich vor Spinnen* (*die meisten/Meisten* = Superlativ von *viele*).

Farb- und Sprachbezeichnungen werden großgeschrieben, wenn sie mit einem Artikel, einem gedachten Artikel oder mit einer Präposition verbunden sind.
Auf Deutsch heißt Substitut „Ersatz". Wir unterhalten uns in Englisch.
Bei Rot darf die Straße nicht überquert werden. (Das) Blau steht ihr gut.
In manchen Fällen kann zwischen Groß- und Kleinschreibung gewählt werden.
Sie spricht Deutsch (= was? – *die deutsche Sprache*). *Sie spricht deutsch* (= wie?).

1 Unterstreichen Sie Zahladjektive sowie Farbbezeichnungen.

Elvis Presley – der Beginn einer Karriere
Die folgende Story kennen Unzählige: Der junge Elvis wollte seiner Mutter etwas Besonderes zum Geburtstag schenken, nämlich ihr Lieblingslied, von ihm selbst gesungen. Elvis ging zu dem „Sun"-Studio in Memphis, dessen Besitzer von einem Weißen mit „schwarzer Stimme" träumte; Schwarze hatten bei den finanzkräftigeren Weißen keine Chance, ihre Platten zu verkaufen. In den USA gab es nämlich eine scharfe Trennung zwischen Schwarz und Weiß. Dass ein Weißer eine von einem Schwarzen besungene Platte kaufen würde, war etwas Unmögliches. Daran musste Marion Keisker, Sekretärin bei „Sun", denken, als sie den Namen des jungen Elvis notierte. Denn sein Stil war dem der Schwarzen sehr ähnlich, weil das Dunkle in Elvis' Stimme vorherrschte.
Für Zahllose wurde Elvis kurze Zeit später eine Mischung aus Outlaw und Rebell: Alt und Jung sollten sich nämlich in den folgenden Jahren streiten; denn für die einen war er der Untergang aller Kultur, für die anderen willkommener Protest gegen die „Alten", die nichts Neues akzeptieren wollten (oder konnten).

2 Formulieren Sie die Zahlen in die richtige Schreibweise um und unterstreichen Sie – dort, wo es möglich ist – die Begleiter der Ordnungszahladjektive.
Beispiel: *Die Miete ist am (1) des Monats zu bezahlen. Die Miete ist am Ersten des Monats zu bezahlen.*

Auf der Erde leben mehr als (6 000 000 000) Menschen.
(1/8) der Summe ist als Anzahlung bis zum (1) des nächsten Monats zu zahlen.

Sie ist bereits die (2), die den Umsatzrekord des letzten Jahres überboten hat.
Jeder (6) lehnte das Teamprojekt ab.
Endlich war er der (1) in der Abteilung.
Das Vorgehen der Firma verletzte die Rechte (3).

3 **Groß oder klein? Setzen Sie richtig ein.**
Beispiel: *Die Kometen haben (unzählig) gesehen. Die Kometen haben Unzählige gesehen.*

Wir müssen noch (verschieden) erledigen. Du musst dich im (einzeln) fragen lassen. Sie gab ihr Geld für alles (möglich) aus. Der wichtigste Tagungspunkt wurde unter die Überschrift (sonstig) gesetzt.

4 **Setzen Sie die Farb- und Sprachbezeichnungen in der richtigen Schreibweise ein.**

Der Kritiker traf mit seinen Bemerkungen ins ______________. (schwarz)

Wenn man _________ und _________ mischt, entsteht ______________. (rot, gelb, orange)

Der Fahrer fuhr weiter, obwohl die Ampel bereits von _________ auf _________ geschaltet hatte. (gelb, rot)

Sie übersetzte den Vortrag aus dem ________________ ins ______________. (englisch, deutsch)

Ihr ________________ hatte einen ________________ Akzent. (japanisch, englisch)

„Auf gut ______________ gesagt: Wir sind pleite", sagte der Prokurist. (deutsch)

5 **Im folgenden Text haben die Autoren einige Probleme der Rechtschreibung umgangen. Schreiben Sie den Text in der richtigen Form.**

Traumnote 6
Die Meisterschaften im Eiskunstlauf, die traditionell in den ersten Monaten des Jahres stattfinden, locken jedes Mal (1 000) auf die Tribünen und (1 000 000) vor den Bildschirm. Gerade wenn die Sportler beim Paarlauf nach romantischer Musik zu (2) über das Eis schweben, wird oft vergessen, dass es auch hier nur um (1) geht: Wer werden die (1) sein? Die Nahaufnahmen der angestrengten, dabei starr lächelnden Gesichter vermitteln eine Ahnung davon, welche Kraftreserven jeder EINZELNE auch in diesem Sport mobilisieren muss. Sicherlich ist es klug, besonders schwierige Sprünge und Figuren als (1) – solange die Kräfte noch frisch sind – zu absolvieren. Mit im wahrsten Sinne des Wortes atemloser Spannung verfolgen die Sportler, die Trainer, die Sponsoren und UNZÄHLIGE daheim auf dem Sofa vor dem Fernseher die Wertung der Punktrichter. Ganz im Gegensatz zum herkömmlichen Verfahren gilt hier die Note (6) als „Traumnote": Während eine Beurteilung mit einer (4) vor dem Komma schon zeigt, dass man zu den LETZTEN gehören wird, beginnen sich die Gesichter eines Paares ab Note (5) aufzuhellen. Wie bei allen Wettkämpfen kommt es auch hier vor, dass die Favoriten nur ZWEITLETZTE werden und ein noch vollkommen unbekanntes Paar überraschenderweise auf dem Siegertreppchen steht. Die Bewertung der geübten Jury erfolgt nach komplizierten technischen und künstlerischen Gesichtspunkten, sodass beispielsweise bei einer hervorragenden Gesamtdarbietung trotz eines schweren Patzers noch Hoffnung besteht, ZWEIT- oder DRITTBESTE zu werden. All den ANDEREN, die nicht auf Platz (1), (2) oder (3) landen, sondern sich als (7), (8) oder (10) platzieren, bleibt die Hoffnung, dass im nächsten Jahr die LETZTEN die (1) sein werden.

6 **Haben Sie schon einmal an einem solchen „Massenereignis" teilgenommen oder würden Sie es gern? Schreiben Sie den angefangenen Text weiter und verwenden Sie dabei so viele Zahlen und Zahladjektive wie möglich.**

Ein Massenereignis
Selbst in der Tagesschau wurde darüber berichtet: Unzählige kamen, und dass es für jeden Einzelnen ein unvergessliches Erlebnis werden würde, stand von Anfang an fest. Millionen, die nicht live dabei sein konnten, verfolgten am Fernseher, wie …

1.6 Paarformeln, Redewendungen, Begriffe

Vor der Reform fanden sich in diesen Bereichen viele Einzelfallfestlegungen. So hieß es z. B.: *Es amüsierten sich jung und alt. Es feierten Junge und Alte.* Ebenso standen gegenüber: *schwarze Liste und Schwarze Magie.* Auch in diesen Fällen hat die Reform Vereinfachungen gebracht.

Neu!

Paarformeln zur Bezeichnung von Personen werden großgeschrieben.
Auf dem Jahrmarkt hatten Alt und Jung viel Spaß. Arm und Reich waren von der Krankheit gleichermaßen betroffen.

Neu!

Adjektive in bestimmten Redewendungen werden großgeschrieben.
den Kürzeren ziehen, auf dem Laufenden sein, im Trüben fischen

Adjektive, die mit dem zugehörigen Substantiv zu Eigennamen geworden sind, schreibt man groß.
Peter der Große, der Nahe Osten, die Evangelische Kirche in Deutschland (EKD), Deutsche Bank, Schwäbische Alb

Feste Begriffe aus folgenden Bereichen werden ausnahmslos großgeschrieben: Titel, Tier- und Pflanzenbezeichnungen, besondere Kalendertage und geschichtliche Ereignisse.
Erster Bürgermeister, Deutscher Schäferhund, Roter Milan, Weiße Pestwurz, Scharfer Mauerpfeffer, Heiliger Abend, Weißer Sonntag, Erster Weltkrieg, Westfälischer Friede
(In diesen Fällen handelt es sich im strengen Sinne nicht um Eigennamen, sondern eher um Gattungen: *Es gibt mehrere Erste Bürgermeister, viele Deutsche Schäferhunde, einen Heiligen Abend im Jahre 1998, aber auch 2005.*)

Neu!

Alle anderen festen Begriffe schreibt man in der Regel klein (in manchen Fachsprachen und bei übertragener Bedeutung ist auch Großschreibung möglich).
das schwarze Brett (auch *das Schwarze Brett*), *die wörtliche Rede, der rote Faden, die erste Geige spielen, der goldene Schnitt* (fachsprachlich auch *der Goldene Schnitt*) aber: *das Fleißige Lieschen, die Erste Hilfe*

1 Lesen Sie den folgenden Text und unterstreichen Sie Paarformeln, Redewendungen und feste Begriffe. Bei diesen sollten Sie überlegen, warum in einigen Fällen großgeschrieben wird.

Der Einzelne ist heute weniger denn je in der Lage, alles für ihn Wesentliche direkt zu erfahren. Er ist auf umfassende Informationssysteme angewiesen, wenn er nicht im Dunklen tappen will. Der Nachteil ist allerdings, dass Groß und Klein, Hoch und Nieder, kurz alle davon abhängig sind, was die Medien aus der Flut der Meldungen für uns herausfiltern. Ein Lawinenunglück in der Hohen Tatra, eine geglückte Rettungsaktion am Roten Fluss, eine neu entdeckte Einzelheit aus dem Leben Heinrichs des Löwen, all das und vieles mehr erfährt man nur, wenn es den Medien eine Nachricht wert ist. Wer allerdings glaubt, diese Macht der vierten Gewalt steigere sich mehr und mehr, wird hoffentlich eines Besseren belehrt, denn das globale Internet ermöglicht es immer mehr Menschen auf dem Blauen Planeten, sich ohne den Filter der Medien weltweit zu informieren. Jim jenseits des Großen Teichs kann mit ein wenig Glück auf jemanden treffen, der mit ihm die Leidenschaft für die Erforschung des Blauen Eisenhuts teilt, Jeanne aus einem Pariser Vorort kann erkunden, welche Initiativen Bürger in den Berliner Stadtteilen zur Verkehrsberuhigung ergreifen. Wer meint, man müsse es wegen des Missbrauchs der neuen Kommunikationsmöglichkeiten beim Alten belassen, irrt: Man kann nicht alles verbieten, nur weil einige damit ein böses Spiel treiben.

2 Wandeln Sie die Wendungen um.

retten, aus dem Schneider sein – im ______________ (trocken) sein

sich einigen, sich vertragen – ins ______________ (rein) bringen

die Verwirrung ausnutzen – im ______________ (trüb) fischen

vertraulich – im ______________ (geheim)

wenig – um ein ______________ (gering)

überhaupt nichts – nicht das ______________ (gering)

wieder – aufs ______________ (neu)

es wäre nicht falsch – es wäre das ______________ (richtig)

etwas genau bedacht haben – sich über etwas im ______________ (klar) sein

beträchtlich – um ein ______________ (beträchtlich)

es ist am einfachsten – das ______________ (einfach)

3 **Ergänzen Sie sinnvoll.**

In den letzten Jahren hat die Zahl der Arbeitslosen auf dem deutschen Arbeitsmarkt im ____________________ ____________ zugenommen. (GROß UND GANZ)

Im Allgemeinen kennzeichnet ein ständiges ______________________ das Börsengeschehen. (AUF UND AB)

Er sagte, er habe es ___________________________________ versucht. (IM GUTEN WIE IM BÖSEN)

Die drückende Hitze lockte ___________________________ ins Freibad. (GROß UND KLEIN)

4 **Groß oder klein?**

Der (stille) ______________ Ozean wird auch Pazifik genannt.

Gutes (bayerisches) __________________ Bier trinkt man im (bayerischen) __________________ Wald.

Der (regierende) ________________ Bürgermeister Berlins trägt eine enorme Verantwortung.

Der (atlantische) ________________ Ozean ist der Namensgeber für die (atlantischen) ______________ Tiefs.

Der Schiedsrichter zeigte dem Spieler die (rote) ___________________ Karte.

Das (grüne) ______________ Gewölbe ist eine der berühmtesten Sehenswürdigkeiten in Dresden.

Beim (hohen) ______________ C versagte dem Tenor plötzlich die Stimme.

Wir wünschen euch (frohe) ______________ Weihnachten und alles Gute im (neuen) ______________ Jahr.

5 **Bringen Sie den Text in die richtige Schreibweise.**

Harrods
In London steht das berühmte Warenhaus, in dem man wirklich [fast] alles kaufen kann, was in aller Herren Länder hergestellt wird, u.a. auch Lebensmittel. Im Erdgeschoss findet man internationale Spezialitäten, die immer frisch angeliefert sind, z.B. (e/E)damer und (s/S)chweizer Käse, (w/W)estfälischen Schinken und (t/T)hüringer Mettwurst, (f/F)lensburger Pils und (g/G)riechische Oliven, (f/F)ranzösische Spitzenweine, (s/S)panischen Sherry und natürlich (h/H)amburger, frisch gegrillt, (h/H)olländische Tomaten und (l/L)eipziger Allerlei. Selbst solche Spezialitäten wie Maultaschen von der (s/S)chwäbischen Alb oder herrlich duftender Bergkäse aus dem (v/V)eltliner Tal sind hier zu finden.

6 **Führen Sie den Bericht fort. Benutzen Sie dabei folgende Wortgruppen:** (s/S)izilianischer Wein, (s/S)chweizer Alpen, (i/I)talienische Städte, (d/D)eutsch-(i/I)talienische Freundschaft, (s/S)üdländische Lebensart.

Letztes Jahr planten wir eine Reise mit unserer Jugendgruppe. Am (s/S)chwarzen Brett konnte man unter folgenden Reisezielen wählen: (p/P)ortugiesische Algarve, (i/I)talienische Riviera, (d/D)eutsche Weinstraße. Wegen des günstigen Angebots einer (i/I)talienischen Jugendherberge entschieden wir uns für Italien. Der Zeitpunkt der Reise sollten die (s/S)chleswig-(h/H)olsteinischen Herbstferien sein. Meinungsverschiedenheiten gab es bei der Programmaufstellung ...

1.7 Sonstige Wortarten und Doppelschreibungen

Da grundsätzlich jede Wortart, ja sogar ein einzelner Buchstabe substantiviert werden kann, hat die Reform auch in diesen Fällen zu einer Systematisierung der Schreibung beigetragen.
In vielen Fällen ist den Schreibenden mit der Reform auch freigestellt worden, zwischen Alternativen zu wählen. So kann geschrieben werden: *Jedem das Seine/das seine.*

Substantivierte Adverbien, Präpositionen und Konjunktionen werden großgeschrieben.
Wir leben im Hier und Jetzt. Diese Frage sollte ohne Wenn und Aber geklärt werden.

Neu!

Vergleichbar mit *im Wesentlichen, im Allgemeinen, im Einzelnen,* werden jetzt auch *im Voraus, im Nachhinein* großgeschrieben.
Die Kaution ist im Voraus zu bezahlen. Im Nachhinein ärgerte er sich über sein Verhalten.

Neu!

Bei mehrteiligen substantivierten Konjunktionen, die mit Bindestrich verbunden werden, wird nur das erste Wort großgeschrieben.
Ein Entweder-oder kann es in dieser Situation nicht geben. Mit deinem ständigen Sowohl-als-auch betreibst du keine gute Politik.

Doppelschreibungen sind möglich

Neu!

- **bei Superlativen in Verbindung mit *auf das* bzw. *aufs.***
  Die Delegation wurde aufs Herzlichste begrüßt. Die Delegation wurde aufs herzlichste (=wie?) *begrüßt.*
- **wenn mit *dutzend, hundert, tausend* keine exakten Zahlen, sondern lediglich unbestimmte Mengen gemeint sind.**
  Einige tausende Zuschauer erlebten ein begeisterndes Finish. Einige Tausende Zuschauer erlebten ein begeisterndes Finish.

Neu!

- **bei Possessivpronomen in Verbindung mit dem bestimmten Artikel.**
  Er trug das Seine zum Gelingen der Veranstaltung bei. Er trug das seine zum Gelingen der Veranstaltung bei.
- **bei Verbindungen aus Präposition und dekliniertem Adjektiv.**
  seit langem/seit Langem, ohne weiteres/ohne Weiteres, von neuem/von Neuem, binnen kurzem/binnen Kurzem, bis auf weiteres/bis auf Weiteres
- **bei *Recht/recht* bzw. *Unrecht/unrecht haben, geben, bekommen, behalten, tun.***
  Er hat Recht gehabt. Er hat recht gehabt. Gibst du mir Recht? Gibst du mir recht?

1 Schreiben Sie richtig.

Wer sich mit einer Computeranlage beschäftigt, kann schnell feststellen, dass sie (IM WESENTLICHEN) ________ ________________ menschlichen Arbeitsweisen nachgebildet ist: So entspricht das Prinzip Eingabe – Verarbeitung – Ausgabe [EVA] menschlichen Vorgehensweisen. Am Beispiel der Lösung einer Rechenaufgabe kann man dies (IM EINZELNEN) ____________________ nachvollziehen. Zwei Zahlen etwa werden als Aufgabe eingegeben, ebenso eine Rechenvorschrift. Diese Eingaben werden verarbeitet und z. B. als Ausgabe auf ein Blatt Papier geschrieben. Allerdings ist der Computer exakter. Während niemand (IM VORAUS) ________________ sagen kann, ob ein Mensch richtig rechnet, stimmt das Computerergebnis immer. Sollte einmal ein fehlerhaftes Ergebnis vorkommen, dann lässt sich (IM NACHHINEIN) ______________________ feststellen, dass dies auf einem Eingabefehler beruht. Ohne (ABER) _________ kann man sagen, dass in solchen Fällen menschliches Versagen vorliegt.

2 Ergänzen Sie die folgenden Sätze.

Ich erkläre Ihnen die Rechnungsposten (IM EINZELNEN)__________________.

Als die Ergebnisse bekannt wurden, gab es bei (EINZELNEN) ____________________ ein (ACH UND WEH) __________________.

Manch einer beklagt, dass heute das (ICH) ________ zu sehr (IM VORDERGRUND) ____________________ stehe.

(IM ALLGEMEINEN) __________________ gilt als Tatsache, dass die Schadstoffbelastung der Luft zu groß ist.

Das (JA) _____ zu diesem Vertrag ist ein großer Fortschritt für unser Unternehmen.

Das (DRUMHERUM) __________________ der Werbeveranstaltung störte mich.

Die Befürworter einer bestimmten Lösung bestreiten meist, dass es ein (ODER) ________ gibt.

Der Redner sagte: „Nennen Sie mir Beispiele für ein (ENTWEDER-ODER) __________________."

3 Entscheiden Sie sich für Groß- oder Kleinschreibung.

Vor dem entscheidenden Spiel versuchten noch viele (TAUSENDE) ______________, ins Stadion zu kommen.

Für zwei (DUTZEND) ______________ Eier gab es auf dem Markt einen Sonderpreis.

Bei der Sammlung zugunsten der Welthungerhilfe machte sie das (TAUSEND) _______________ voll.

Einige (HUNDERT) ______________ drängten sich um den Star, um ein Autogramm zu erhalten.

Die gellenden Pfiffe (ABERTAUSENDER) _______________ von Zuschauern störten den Schiedsrichter nicht.

Im (DUTZEND) ______________ billiger, so lautet ein beliebter Werbeslogan auf Märkten.

4 Ergänzen Sie die Sätze und entscheiden Sie sich für eine Schreibweise. Achten Sie darauf, ob Sie *wie?* oder *was?* fragen können.

Für den Kriminalbeamten ließ sich der Fall auf das (EINFACH) _________________ lösen.

Man beschimpfte ihn auf das (WIDERWÄRTIG) ____________________ und (GEMEIN) _________________.

Hat man bei einem Hausbau nur wenig Eigenkapital, muss man sich notgedrungen in der Planung in allen Bereichen auf das (PREISWERT) _________________ beschränken.

Trotz ihres Streites begrüßte er ihn auf das (HERZLICH) _________________.

5 Formulieren Sie Sätze mit folgenden Wendungen:
IM EINZELNEN; IM ALLGEMEINEN; IM BESONDEREN; IM VORAUS; VON NEUEM; VOR KURZEM; IM WEITEREN

1.8 Verben

Verben werden kleingeschrieben.
gehen, schreiben, sprechen
Substantivierte Verben werden großgeschrieben. Substantiviert werden können drei Verbformen: Infinitiv, Partizip I, Partizip II.
Das Vergehen kann man an Blumen gut beobachten.
Das Vergehende zieht immer ein Werden nach sich.
Das Vergangene sollte man nicht immer auf sich beruhen lassen.

Bestimmte Begleiter wie Artikel, Präpositionen, Pronomen können ein Hinweis dafür sein, dass die zugehörigen Verben substantiviert sind.
*arbeiten – **das A**rbeiten* (bestimmter Artikel)
*arbeiten – **beim A**rbeiten* (Präposition, meist mit Artikel)
*arbeiten – **gründliches A**rbeiten (Adjektiv)*
*arbeiten – **sein A**rbeiten* (Possessivpronomen)
*arbeiten – **dies A**rbeiten* (Demonstrativpronomen)

1 Unterstreichen Sie die Verben.

Fit und allein
Früher schwitzte man für seinen Monatslohn auf dem Feld, heute zahlen viele Leute monatlich für ihr Schwitzen Geld. Ob nun als Ausgleich für eine sitzende Tätigkeit im Beruf, ob auf ärztliches Anraten hin oder zum Erreichen der ersehnten Traummaße – die unterschiedlichsten Motive führen die unterschiedlichsten Leute in die so genannten Fitness-Studios, Body-Styling-Clubs oder Health-Center. Im Gegensatz zum Fußballspielen, Turnen oder Squash jedoch ringt man hier nicht mit sportlichen Gegnern aus Fleisch und Blut, sondern mit Geräten aus Chrom und Stahl. In den modernen Studios ist der Sportler ein Einzelkämpfer, der ein ausgeklügeltes Trainingsprogramm auf Biegen und Brechen absolviert. Kaum zu glauben, dass dieses Stöhnen und Grimassenschneiden Lust statt Frust bedeuten soll. Das festgesetzte Soll an Rumpfbeugen, Bauchbeugen und Bizepsübungen ist zu erfüllen; dies ist ein absolutes Muss. Das Zählen der Trainingseinheiten und die Konzentration auf ein Gerät lassen selten ein sportliches Miteinander zu. „Gespräche" zwischen den Trainierenden beschränken sich häufig auf gequältes Ächzen. Anders als im Verein, wo „Sport am schönsten" sein soll, gilt es hier, selbst der oder die Schönste zu werden. Viele finden dann auch die Mischung aus verbissener Konzentration, grellen Trikots und dem Stampfen der Begleitmusik zum Auf-und-davon-Laufen. Für andere, beispielsweise Schichtdienstleistende, ist das Trainieren in Fitness-Studios allerdings die einzige Möglichkeit, überhaupt gezielt Sport zu treiben. Wie bei vielem spricht also einiges für und einiges gegen die Studios. Vor dem Zustandekommen eines (meist längerfristigen) Vertrages empfiehlt sich jedenfalls ein sorgfältiges Abwägen aller Vor- und Nachteile – nicht zu vergessen ein gründliches Lesen des Kleingedruckten …

2 **Verwenden Sie beim Ausfüllen der Lücken das Verb jeweils im Präsens, Präteritum und Perfekt.**
Beispiele: ***Er schließt einen Vertrag ab. Er schloss einen Vertrag ab. Er hat einen Vertrag abgeschlossen.***

Der Prokurist ______________ die Finanzlage der Firma falsch _________. (einschätzen)

____

____

Die Tochterfirma in Übersee ______________ die Ersatzteile stets termingerecht. (liefern)

____

____

Der Abteilungsleiter ______________ die Mitarbeiter zur Besprechung um 9 Uhr in sein Büro. (bestellen)

____

____

3 **Bilden Sie zu den folgenden Verbformen jeweils den Infinitiv und die beiden Partizipien.**
Beispiel: *ging: gehen, gehend, gegangen*

lief; bleibt; denkt; ruft; antwortet

4 **Ergänzen Sie die Lücken und achten Sie auf die Groß- und Kleinschreibung.**

Das Wetter war drückend. Jegliches ___rbeiten erschien furchtbar schwer. Aber ___rbeiten muss man nun einmal. Ohne unser ___itwirken wäre der Ausstellungsstand bis zum bestellten Zeitpunkt kaum fertig geworden. Also ___alfen wir mit. Jeder ___etzte sich für die Sache ein. Sich ___urückzuhalten wäre unfair gewesen. Jeder ___usste, worauf es ankam. Dieses ___issen feuerte an und ___otivierte. Zum ___aulenzen war da keine Zeit.

5 **Bilden Sie Sätze, indem Sie Verben zu Substantiven umformen. Benutzen Sie Artikel.**
Beispiel: *Ich liebe das Laufen, das Boxen lehne ich ab.*

segeln/surfen; sprinten/joggen; tanzen/fechten

6 **Schreiben Sie Sätze, indem Sie Verben zu Substantiven umformen. Benutzen Sie Präpositionen.**
Beispiel: *Ich verbringe meine Freizeit mit Lesen.*

kochen/beim; ausgehen/zum; fernsehen/durch; basteln/vom

7 **Schreiben Sie Sätze, indem Sie Verben zu Substantiven umformen. Benutzen Sie Possessiv- oder Demonstrativpronomen.**
Beispiel: *Mein Bemühen führte zum Erfolg.*

dein/schnarchen; dies/meckern; ihr/tippen; sein/protzen; Uwes/schwatzen

8 **Wandeln Sie um, indem Sie die Verben substantivieren.** Beispiel: *Ihre neue Order traf ein, als wir schon die Artikel verpackten. Während des Verpackens traf ihre neue Order ein.*

Als wir die Weinkisten auspackten, rochen wir, dass einige Flaschen zerbrochen waren.

Beim ______________________________

Bevor wir Ihnen die Rechnung ausstellen, wird die Buchhaltung sie noch einmal überprüfen.

Vor ______________________________

Während ich Ihren ersten Auftrag bearbeitete, erreichte mich Ihre Nachricht.

Während ______________________________

Als die bestellten Instrumente eintrafen, waren sie schon zerbrochen.

Beim ______________________________

Bedauerlicherweise kann die Einkaufsabteilung Ihre Rückfrage nicht bearbeiten, da Sie versäumt haben, die Bestellnummer anzugeben.

Wegen Ihres ______________________________

____

1.9 Anredepronomen und Zeitangaben

Die neuen Regeln lassen sich besonders gut an Briefbeispielen erläutern, in denen Personen angesprochen und vielfach Termine genannt werden.

Allgemein werden drei Briefarten unterschieden:

- der Privatbrief: Briefe von einer Person an eine andere in rein privaten Angelegenheiten, z. B. der Liebesbrief. Er ist eine persönliche Form der Kommunikation und an keine äußere Form gebunden.
- der private Geschäftsbrief: Briefe geschäftlichen Inhalts an Personen oder Institutionen, etwa eine Bewerbung, ein Entschuldigungsschreiben oder eine Reklamation. Die Beschriftung sollte nach der Norm DIN 5008 (Schreib- und Gestaltungsregeln für die Textverarbeitung) vorgenommen werden.
- der Geschäftsbrief: schriftliche Kommunikation zwischen Firmen, Behörden oder anderen Institutionen bzw. Briefe von Firmen usw. an Privatpersonen. Für Geschäftsbriefe werden Vordrucke (mit Geschäftsangaben, Firmenlogo, Bezugszeichenzeile usw.) verwendet. Der Vordruck „Geschäftsbrief" richtet sich nach der Norm DIN 676. Die Beschriftung wird nach der Norm DIN 5008 vorgenommen.

Wenn Sie sich die Beispiele auf den nächsten Seiten anschauen, können Sie sicherlich allgemeine Unterschiede zwischen den Briefarten formulieren. Bitte beachten Sie, dass das Datum, wenn es numerisch geschrieben wird, die Form Jahr, Monat, Tag (JJJJ-MM-TT; 2005-02-11) hat.

Groß- und Kleinschreibung der Anredepronomen und der dazugehörigen Possessivpronomen
Bisher wurden die Anredepronomen in Briefen generell großgeschrieben. Die Großschreibung bei Anreden ist geschichtlich begründet und gilt als Ausdruck besonderer Ehrerbietung. Jetzt lauten die Regeln:
Die Höflichkeitsanrede (*Sie, Ihnen, Ihren* usw.) wird immer großgeschrieben, nicht nur in Briefen.
*Ich lade **Sie** ein. Vielen Dank für **Ihren** Brief.*

Neu!

Die vertrauliche Anrede (Personen, die vom Schreibenden geduzt werden) kann in Briefen sowohl klein- als auch großgeschrieben werden:
*Dass **du/Du** gekommen bist, freut mich sehr. Ich habe mich über **deinen/Deinen** Brief sehr gefreut. Hoffentlich habt **ihr/Ihr** den Weg hierher gut gefunden.*

Zeitangaben
Zeitangaben, die Substantive sind, werden großgeschrieben.
der Montag, dieser Abend, die Nacht, der Montagmorgen, die Freitagnacht, eines Abends, des Abends
Zeitangaben, die Adverbien sind, werden kleingeschrieben.
(Enden die Zeitangaben auf *s* und geht ihnen kein Artikel voraus, dann handelt es sich um ein Adverb.)
sonntags, abends, gestern, montagmorgens, sonntags morgens

Neu!

Tageszeiten nach den Adverbien *vorgestern, gestern, heute, morgen, übermorgen* usw. werden großgeschrieben.
vorgestern Abend, heute Morgen, übermorgen Nachmittag

1 Setzen Sie die richtige Schreibweise ein:

Darf ich ___hnen meine Freunde vorstellen? Wenn ich mich richtig erinnere, haben ___ie ___ie schon im letzten Sommer kennen gelernt. Ich hoffe, dass ___ie sich gut unterhalten und dass ___hnen der Kaffee gut schmeckt. Nach dem Fest werden meine Freunde ___ie in ___hrem Wagen mitnehmen und ___ie in ___hr Hotel bringen.

2 **Substantiv oder Adverb? Streichen Sie die falsche Form durch.**

Der M/montag ist für viele Schüler ein besonders schwerer Tag, weil sie nach dem langen Wochenende, das meist von F/freitags bis S/sonntags dauert, ihren Rhythmus noch nicht wieder gefunden haben. Ab D/dienstags sind sie wieder den Wechsel von M/morgens Schule und N/nachmittags Schularbeiten und Freizeit gewöhnt. Es wäre daher gut, wenn M/montags M/morgens Fächer unterrichtet würden, in denen die mangelnde Konzentrationsfähigkeit leichter berücksichtigt werden könnte, wie etwa Kunst oder Sport. Wahrscheinlich würden dann Schüler/-innen häufiger sagen: „Mir hat heute M/morgen die Schule Spaß gemacht."

3 **Füllen Sie in den folgenden Briefen – Privatbriefe, private Geschäftsbriefe, Geschäftsbrief – die Lücken richtig aus.**

1. Privatbrief

Hallo Petra, 3. August 2005

ich bin immer noch ganz begeistert, dass ich __________ und __________ Schwester am letzten ___amstag getroffen habe. Ich hoffe, dass es __________ auch so gut gefallen hat wie mir!

Können wir uns am nächsten ___reitag um 22.00 Uhr am Eingang des „KIK" treffen? Mein Freund Nils kommt auch mit (wird bestimmt bei __________ Schwester gut ankommen).

Ich freue mich riesig!

Bis ___reitag

Lars

Hallo Janka, 2005-08-09

wie geht es __________ heute ___orgen?

Gestern ___bend war ich Fußball spielen. Was hast __________ gemacht? Warst ________ bei __________ Freundin Julia? Gehst __________ auch am ___reitagabend zur Fete von Lars und Marco? Sollen wir am ___onntagmorgen Fahrrad fahren? Ich rufe __________ ___orgen ___achmittag an!

Tschau

__________ Britta

Hallo Petra und Janka, 19.00 Uhr

ich bin heute ___bend im Kino („Der Westfälische Friede")! Den Film habt __________ mir ja gestern ___orgen so empfohlen!

Das Essen steht im Backofen und __________ müsst es __________ nur noch aufwärmen.

Heute ___ittag rief __________ Freundin Julia an und fragte, ob __________ morgen ___achmittag mit __________ und __________ Bruder Tennis spielen geht.

Bis bald

__________ Elke

2. Privater Geschäftsbrief

Anna Wunderlich
Heidestr. 24
32312 Lübbecke
Tel. 05741 222222

13. April 2005

Entschuldigung

Sehr geehrter Herr Müller,

da ich am 10. d. M. mit meinem Fahrrad gestürzt bin und mir dabei mein linkes Handgelenk gebrochen habe, konnte ich leider am 11. und 12. Oktober den Unterricht nicht besuchen.

Ich bitte ____________, mein Fehlen zu entschuldigen, und hoffe auf ____________ Verständnis.

Mit freundlichen Grüßen

Anna Wunderlich

Malte Schönfelder
Am Tor 12
32312 Lübbecke
Tel. 05741 333333

10. Juni 2005

Versicherungsgesellschaft
XYZ
Postfach 12 34
59929 Brilon

Versicherungsschein Nummer ...

Sehr geehrte Damen und Herren,

hiermit teile ich ____________ mit, dass heute ___orgen in der Zeit zwischen 7:00 und 12:30 Uhr mein Mofa entwendet wurde. Es war abgeschlossen und am Busbahnhof ordnungsgemäß abgestellt. Die Polizeistation XYZ hat heute ___achmittag meine Anzeige aufgenommen. Zu ____________ Information lege ich ____________ eine Kopie dieser Anzeige bei.

Ich bitte ____________, meine Schadensmeldung rasch zu bearbeiten.

Mit freundlichen Grüßen

M. Schönfelder

1 Anlage

3. Geschäftsbrief

DAS RAD

DAS RAD, An der Alten Brücke 7, 32257 Bünde

Herrn
Malte Schönfelder
Am Tor 12

32312 Lübbecke

Ihr Zeichen, Ihre Nachricht vom	Unser Zeichen, unsere Nachricht vom	Telefon, Name	Datum
	mü-kck	(0 52 23) 6 91- 3 45 Frau Müller	..-02-26

Tag der offenen Tür

Sehr geehrter Herr Schönfelder,

heute möchte ich _ie ganz herzlich zu unserem Informationstag „Rund ums Rad" einladen.

Kommen _ie und _hre Freunde zu uns am

_onntag, 24. April, 10:00 – 17:00 Uhr.

Sie erleben und erfahren unsere neuen XX-Fahrräder. Besonders aufmerksam machen möchte ich _ie heute schon auf das Modell XYZ. Fahrspaß, Funktionalität sowie Sicherheit können _ie und _hre Freunde bei einer Probefahrt auf unserem „Erlebnisgelände" testen.

Am _onntagmorgen unterhält _ie die bekannte Band „No Mercy" von 10:00 bis 13:00 Uhr. Am _achmittag findet um 14:00 Uhr eine Geschicklichkeitswettfahrt für Jung und Alt statt.

Kommen _ie am Sonntag zu uns! Für _hr leibliches Wohl ist gesorgt!

Mit freundlichen Grüßen

Fahrradhandlung
DAS RAD
Heike Müller
Heike Müller

Geschäftsführer
Holger Bachmann

Postbank
Hannover
BLZ

Bankkonto:
Stadtsparkasse Bünde
BLZ

4 Schreibe (verzeihen Sie uns die vertrauliche Anrede!) an ***deine*** Eltern, ***deine*** Freundin, ***deinen*** Freund, ***deine*** Bekannten oder an andere:

- eine Einladung zur nächsten Fete;
- über den letzten Urlaub;
- von einem Lehrgang;
- über eine witzige Begebenheit o. Ä.!

5 Entwerfen Sie private Geschäftsbriefe, z. B.:

Schreiben an Klassenlehrer/in: Entschuldigung wegen Krankheit;
Bitte um Auskunft an Hotel/Jugendherberge, ob ein Zimmer frei ist;
Schreiben an Verlag: Kündigung einer Zeitschrift;
Kreisverwaltung: Bitte um Übersendung der Bauordnung;
Straßenverkehrsamt: Abmeldung des Motorrades;
Ordnungsamt: Bitte um Verlängerung der Sperrstunde für ein Musikfestival o. Ä.;
Bewerbung bei einem Unternehmen (Formulierungshilfen: Bausteine siehe Seite 24 f.).

6 Schreiben Sie Geschäftsbriefe.

Einladung zur Geschäftsstelleneinweihung;
Bestellung einer Ladeneinrichtung;
Mahnung eines säumigen Kunden.

Die Bewerbung ist ein privater Geschäftsbrief. Eine Hilfe bei der Formulierung können vorgefertigte Textbausteine sein.

Textbausteine: Bewerbung

Nr.	Volltext	Stichwort
01	Bewerbung	allgemein
02	Ihre Stellenanzeige in ...	Stelle/Zeitung
03	Bewerbung um einen Ausbildungsplatz	Ausbildung
04	Bewerbung um eine Stelle als ...	Stelle ...
05		
11	Sehr geehrte Damen und Herren,	Anrede allg.
12	Sehr geehrter Herr ...,	Herr ...
13	Sehr geehrte Frau ...,	Frau ...
21	ich beziehe mich auf Ihre Anzeige in ... vom ... Sie suchen eine/einen ... . Diese Stelle/Dieser Ausbildungsplatz interessiert mich.	Anzeige
22	durch Ihre Anzeige in ... habe ich erfahren, dass Sie eine Mitarbeiterin/ einen Mitarbeiter in Ihrer ...abteilung suchen. Ich bewerbe mich hiermit um diese Stelle.	Anzeige
23	von der Berufsberatung/einem Mitarbeiter der Arbeitsagentur erfuhr ich, dass Sie Auszubildende für den Beruf des/der ... einstellen werden/eine Stelle als ... zu besetzen haben. Hiermit bewerbe ich mich um einen Ausbildungsplatz/die Stelle als ... bei Ihnen.	Berufsberatung Arbeitsagentur
24	am schwarzen Brett unserer Schule las ich Ihre Stellenausschreibung. Sie suchen ... Um diese Stelle bewerbe ich mich.	schwarzes Brett
25	Ihr Unternehmen ist als guter Ausbildungsbetrieb bekannt. Ich interessiere mich für eine Ausbildung als ... Sind zum 01. August ... bei Ihnen in diesem Bereich Ausbildungsplätze zu besetzen?	allgemein Ausbildung
26	Sie suchen eine Auszubildende/einen Auszubildenden zum ... Ich bewerbe mich um diesen Ausbildungsplatz.	Ausbildung
27		
31	Mit diesem Brief erhalten Sie meine Bewerbungsunterlagen:	Unterlagen: ...
32	Als Anlagen füge ich dieser Bewerbung bei:	Anlagen: ...
33	einen tabellarischen Lebenslauf ein Lichtbild eine Kopie meines letzten Schulzeugnisses/... Kopien meiner Zeugnisse	mögliche Anlagen
34	Hiermit sende ich Ihnen die gewünschten Bewerbungsunterlagen.	gew. Unterlagen
35	Zurzeit besuche ich die ... in ... und werde 20... meine Schulausbildung mit der Fachoberschulreife/Fachhochschulreife abschließen.	zzt. Schule ... 20...

Nr.	Volltext	Stichwort
36	Wie Sie meinem Lebenslauf entnehmen können, bin ich zzt. Schülerin/ Schüler der ... (Abschluss: 20...).	zzt. Schule ... Abschluss 20...
37	Meine bisherige Ausbildung zum/zur ... erhalte ich in der ... Mit sämtlichen Arbeiten in diesem Bereich bin ich vertraut.	zzt. Ausbildung
38	Es ist mein Wunsch, ... zu werden. Mein besonderes Interesse in der Schule/ in meiner Freizeit ...	Wunsch Interesse
39	Während meiner Ausbildung konnte ich mir gute ... (betriebswirtschaftliche) Kenntnisse aneignen. Mit der Arbeit am PC/... habe ich mich durch den Besuch von mehreren Abendkursen und .../im Schulunterricht/Betrieb vertraut gemacht.	besondere Kenntnisse, Kurse
40		
41		
50	Bitte prüfen Sie die eingereichten Unterlagen und geben Sie mir Nachricht, ob meine Bewerbung berücksichtigt werden kann.	Unterlagen prüfen
51	Bitte prüfen Sie meine Bewerbung.	prüfen
52	Ich hoffe, dass Sie meine Bewerbung berücksichtigen.	allgemein
53	Über eine Einladung zu einem persönlichen Gespräch würde ich mich sehr freuen.	persönliches Gespräch
54	Wann darf ich mich persönlich bei Ihnen vorstellen?	Wann vorstellen?
55	Zu einer persönlichen Vorstellung bin ich gerne bereit.	pers. Vorstellung
56		
60	Mit freundlichen Grüßen	Grüße
61	Mit freundlichem Gruß	Gruß
71	... Anlagen (nur in Kombination mit BS 33)	... Anlagen
72	**Anlagen** Lebenslauf Lichtbild Kopie meines letzten Schulzeugnisses/ ... Zeugniskopien	Aufzählung Anlagen

7 Schreiben Sie eine Bewerbung und nutzen Sie dazu die Bausteine 01, 11, 25, 31, 33, 36, 50, 53, 60, 71.

8 Ergänzen oder verändern Sie Bausteine entsprechend Ihrer persönlichen Situation.

9 Arbeiten Sie mit einem Textverarbeitungsprogramm? Speichern Sie dann die Bausteine (z.B. als Autotext).

10 Schreiben Sie eine Bewerbung entsprechend Ihrer persönlichen Situation aufgrund einer Anzeige.

2 Getrennt- und Zusammenschreibung

2.1 Wortzusammensetzungen

Wörter, die aufeinanderfolgen, werden in der Regel getrennt geschrieben, damit sie besser lesbar sind. Das Problem besteht darin, dass Wörter, die im Text benachbart und aufeinander bezogen sind, dann zusammengeschrieben werden müssen, wenn es sich um Zusammensetzungen handelt. Jeder Schreibende muss also entscheiden, ob es sich bei den Wörtern um Bestandteile von Wortgruppen, die getrennt geschrieben werden, oder um Bestandteile von Zusammensetzungen handelt.

Boot fahren
Motor+Boot fahren
Glück+Wunsch+Karten+Herstellung

Eindeutig zusammen schreibt man zwei oder mehrere Wörter, bei denen durch die Zusammensetzung ein neuer Begriff gebildet wird. Das Grundwort (letztes Wort der Zusammensetzung) bestimmt die Wortart.

Substantiv	**+**	**Substantiv**			**Adjektiv**	**+**	**Adjektiv**		
Eis	+	*Verkäufer*	→	*Eisverkäufer*	*bitter*	+	*böse*	→	*bitterböse*
Schiff	+	*Fahrt*	→	*Schifffahrt*					
Adjektiv	**+**	**Substantiv**			**Substantiv**	**+**	**Adjektiv**		
alt	+	*Papier*	→	*Altpapier*	*Messer*	+	*scharf*	→	*messerscharf*
Partizip	**+**	**Substantiv**			**Partikel**	**+**	**Substantiv**		
gebraucht	+	*Wagen*	→	*Gebrauchtwagen*	*nach*	+	*Name*	→	*Nachname*

→ Zu den Zusammensetzungen mit Verben s. S. 28. Besondere Fälle:

Zusammenschreibung:

1. **Der erste Bestandteil stellt eine verkürzte Wortgruppe dar:**
   freudestrahlend (= vor Freude strahlend), *angsterfüllt* (= von Angst erfüllt)
2. **Ein Teil der Zusammensetzung kommt nicht selbstständig vor:**
   schnellst**möglich, erst**malig**, ein**fach**, blau**äugig
3. **Zwei nebengeordnete Adjektive stehen nebeneinander:**
   blaugrau, nasskalt
4. **Verbindungen, deren erster Bestandteil die Gesamtbedeutung mindert oder verstärkt:**
   bitterböse, lauwarm, stocktaub
5. **Mehrteilige Kardinalzahlen unter einer Million, alle mehrteiligen Ordinalzahlen:**
   dreizehn, neunundneunzig, neunhunderttausend, der dreihundertste/dreimillionste Besucher

Neu!

Getrenntschreibung:

1. **Adjektivische Wortgruppen, bei denen der erste Bestandteil erweitert oder gesteigert ist:**
   ein sehr schwer verständlicher Vortrag, eine noch leichter verdauliche Speise
2. **Adjektivische Wortgruppen, bei denen der erste Bestandteil ein Partizip ist:**
   blendend weiß, leuchtend hell

Neu!

Getrennt- oder Zusammenschreibung bei allen adjektivischen Wortgruppen, bei denen der zweite Bestandteil ein Partizip ist:

ein ernst gemeinter/ernstgemeinter Rat, eine ernst zu nehmende/ernstzunehmende Krise,
ein dicht besiedeltes/dichtbesiedeltes Gebiet, eine Zeit sparende/zeitsparende Methode,
eine Fleisch fressende/fleischfressende Pflanze

!

Bitte beachten:
Immer getrennt – Verbindungen mit *viele*:
so viele, wie viele, zu viele
Immer zusammen – Zusammensetzungen mit *irgend-*:
irgendwo, irgendwer, irgendwann

1 **Bilden Sie möglichst viele Wortzusammensetzungen.**

Arbeit, Platz, Verkauf, Tasche, Kurs, Karte, Papier, Straße, Stoffe, Schutz, Korb, Zeug, Geschäft, Brief, Stelle, Werk, Schrank, Bau, kühl, blau, grün, grau, warm, kalt, bitter, schnell

2 **Bilden Sie mit den Wörtern aus I. und II. möglichst viele Wortgruppen bzw. Zusammensetzungen.**

I. so/wie/zu viel(e), wenig(e)
II. Menschen, Gesichter, Jahre, Generationen, Mitarbeiter, Arbeit, ...

I. irgend
II. wo, wie, jemand, wer, etwas, einer, wen, eine, wem, ...

3 **Schreiben Sie den Text ab und beachten Sie die Getrennt- und Zusammenschreibung. Diskutieren Sie die Bedeutung der „Neuschöpfungen" und ergänzen Sie die Aufzählung durch zurzeit aktuelle Wortzusammensetzungen.**

HäufigunterstützenwitzigeoderironischeWortbildungeneineRedeodereinenArtikel.SolcheNeuwörtersindzuerstinkeinemWörterbuchzufinden.Erstnachundnachwerdensieaufgenommen.SowerdenGesetze,diefertigvorliegenunddderenBeschlussfassungjedochimmerwiederverschobenwird,alsSchubladengesetzebezeichnet.EsgibtLadenhüter,Kredithaie,dasGießkannenprinzip,dieSalamitaktik,dieMilchmädchenrechnung ...

4 **Schreiben Sie den Bericht über Bildschirmarbeitsplätze weiter und verwenden Sie die unter dem Bericht aufgeführten Wörter. Informieren Sie sich über die richtige Gestaltung der Bildschirmarbeitsplätze (Richtlinien, Sicherheitsbestimmungen usw.).**

Bildschirmarbeitsplätze
Untersuchungen haben ergeben, dass viele Arbeitnehmer, die längere Zeit am Bildschirm arbeiten, über Kopfschmerzen, Rückenprobleme und Augenbeschwerden klagen. Die Gesundheit der Mitarbeiter sollte für jeden Arbeitgeber im Vordergrund stehen, wenn er einen Bildschirmarbeitsplatz einrichtet. Deshalb ...

strahlungsarm, Bildschirm, Zeichendarstellung, flimmerfrei, Lärmquellen, Trennwände, Lärmschutzhauben, Schallschutzmaßnahmen, Wärmeentwicklung, Raumklima, falsche Arbeitshaltung, Tischhöhe, Auswahl, Arbeitsstuhl, höhenverstellbar, Rückenlehne, Sitzhaltung, Konzepthalter, richtiger Augenabstand, Bürobeleuchtung, warmweiße oder neutralweiße Lichtfarben usw.

5 **Schreiben Sie den Text in der regelgerechten Form ab und führen Sie ihn fort.**

Gebrauchsanleitung – Wie mache ich einen Star?
Irgendwer/Irgend wer hat einmal gesagt: Zum Star wirst du gemacht, nicht geboren. Irgendwo/Irgend wo hatte ich das zwar schon einmal gehört, aber so viele/soviele Zitate sind sowieso/so wie so „geliehen", da macht dieses eine weitere den Kohl auch nicht mehr fett. Außerdem werde ich mit dem Urheber dieses Satzes nicht aneinandergeraten, denn er hat auf jeden Fall Recht. Stars sind deshalb Stars, weil soviele/so viele Menschen irgendein/irgend ein Bedürfnis nach den Stars verspüren. Stars und ihre Fans müssen zueinanderfinden. Darum gibt es immer eine Branche, die die beiden – Stars und Fans – zueinanderbringen will. Ganz uneigennützig – das versteht sich! Irgendjemand/Irgend jemand weiß eigentlich immer, welcher Star zurzeit gerade gebraucht wird. Zuwenige/Zu wenige fragen danach, ob dieser Star wirklich gebraucht wird. Wie wird also ein Star z. B. in der Musikbranche gemacht? Man nehme einen – oder mehrere – gut aussehende junge Männer/junge Frauen und führe sie der Sonnenbank zu. (Nicht zuviel/zu viel – nicht zuwenig/zu wenig bräunen!) Man suche irgendeinen/irgend einen Komponisten und einen Texter und lasse sie zueinanderfinden. Man nehme irgendwelche/irgend welche Marketingstrategen, die herausfinden, wieviele/wie viele Eigenschaften unsere Jungstars haben müssen, ...

2.2 Zusammenschreibung in Verbindung mit Verben

Solltenwirgetrenntschreibenoderzusammen? Vielleichtkönnteunsvorherjemanddamitbekanntmachen!

Bei Verben muss berücksichtigt werden, dass es untrennbare und trennbare Zusammensetzungen gibt. Die trennbaren Zusammensetzungen bieten Fehlerquellen, weil hier nur der Infinitiv, die Partizipien I und II und in Nebensätzen das Verb in Endstellung zusammengeschrieben werden.

schwarzfahren: Er fährt schwarz. Sie soll schwarzfahren.
Er fuhr schwarz. Sie ist schwarzgefahren. Sie wird bestraft, weil sie schwarzfährt.

Bei untrennbar zusammengesetzten Verben werden alle Formen zusammengeschrieben:
langweilen, er langweilte sich, sie hat sich gelangweilt

Zusammenschreibung von untrennbaren Verbindungen:

Substantiv	+	**Verb**		
Hand	+	*haben*	→	*handhaben, sie handhabte*
Nacht	+	*wandeln*	→	*nachtwandeln, er nachtwandelte*
Adjektiv	+	**Verb**		
lang	+	*weilen*	→	*langweilen, er langweilte sich*
voll	+	*bringen*	→	*vollbringen, sie vollbrachte*
Partikel	+	**Verb** (*durch-, hinter-, über-, um-, unter-, wider-, wieder-*)		
über	+	*setzen*	→	*übersetzen, er übersetzte*
wider	+	*sprechen*	→	*widersprechen, sie widersprach*

Zusammenschreibung von trennbaren Verbindungen:

- **verblasstes Substantiv + Verb:**
  eislaufen, heimfahren, heimreisen, irreführen, kopfstehen, leidtun, pleitegehen, preisgeben, standhalten, stattfinden, teilnehmen, wettmachen, wundernehmen
- **Partikel + Verb** (z. B. *ab-, an-, auf-, aus-, auseinander-, bei-, gegenüber-, hinunter-, vorwärts-, wider-, wieder-*)
  Dazu gehören auch alle Zusammensetzungen aus Partikel + *haben* und *werden*.
  abspringen, anfahren, aufstehen, ausgehen, auseinandersetzen, beispringen, gegenüberliegen, hinuntersehen, widerhallen, wiedererkennen, vorhaben, voraushaben, vorwärtskommen, innewerden
  Aber: *dabei* (bei einer bestimmten Tätigkeit) *sitzen*; *daher* (aus einem bestimmten Grund) *kommen*; *wieder* (nochmals) *gewinnen*; *zusammen* (gemeinsam) *spielen* (Hier werden beide Wörter betont.)
- **Verbverbindungen, bei denen der erste Bestandteil nicht selbstständig vorkommt:**
  brachliegen, fehlgehen, fehlschlagen, kundgeben, weismachen
- **Verbverbindungen, die eine neue, übertragene Gesamtbedeutung bilden:**
  festsetzen (bestimmen), *gutschreiben* (anrechnen), *schwarzarbeiten* (unter Umgehung der gesetzlichen Bestimmungen), *schwerfallen* (Mühe verursachen), *schiefgehen* (misslingen)

1 Stellen Sie fest, welche der folgenden Verben untrennbare und welche trennbare Zusammensetzungen sind. Beispiel: *vollbringen, er vollbrachte, er hat vollbracht*

hintergehen, niederreißen, wahrsagen, bloßstellen, zusammenkommen, durchsuchen

____

____

____

____

2 Bilden Sie mit den Wörtern aus I. und II. möglichst viele Wortzusammensetzungen.

I. ab, auf, an, heraus, vor, nach, unter, ...
II. rechnen, trennen, stellen, schreiben, ...

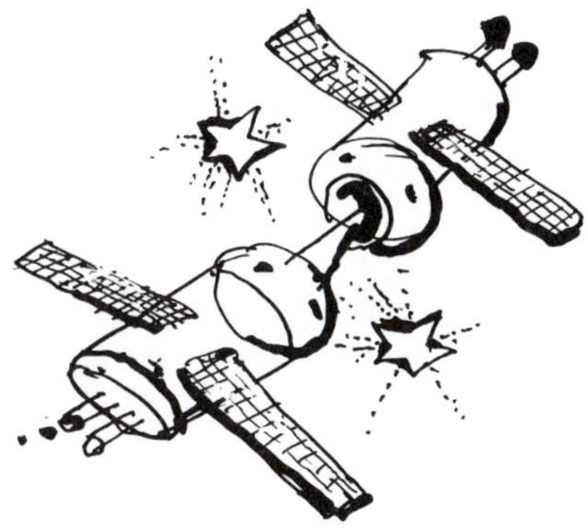

3 Setzen Sie richtig ein:

Am Montag will ich ______________________ (blau/machen). Dann kann ich endlich mal wieder ______________________ (lang/schlafen). Dem Arzt werde ich ______________________ (weis/machen), dass ich Kopfschmerzen habe. Das wird mir ______________________ (leicht/fallen), da kann nichts ______________________ (schief/gehen). Dann wird er mich bestimmt ______________________ (krank/schreiben) und ich kann den ganzen Tag ______________________ (fern/sehen). Ob ich mich dabei ______________________ (lang/weilen)?

4 Setzen Sie richtig ein.

Der Redner hat heute ______________________. (frei gesprochen/freigesprochen)

Der VfB Stuttgart hat ______________________. (wieder gewonnen/wiedergewonnen)

Als Kinder haben sie ______________________. (zusammen gespielt/zusammengespielt)

Als sie die Tat planten, hat er ______________________. (dabei gesessen/dabeigesessen)

5 **Schreiben Sie den folgenden Text ab und wählen Sie die richtige Schreibung aus.**

Die Gebühren für die Müllabfuhr werden von den Gemeinden fest gesetzt/festgesetzt. Der Überschussbetrag wurde dem Kunden gutgeschrieben/gut geschrieben. Das erste Wort bei Straßennamen wird großgeschrieben/groß geschrieben. Die Lehrerin lobte den Schüler: „Den Aufsatz hast du gutgeschrieben/gut geschrieben." Das Zelt hat den Sturmböen standgehalten/Stand gehalten. Klaus ist ins Meer hinausgeschwommen/hinaus geschwommen. Er sollte nicht immer widersprechen/wider sprechen. Diese Wörter sind zu großgeschrieben/groß geschrieben. Er wollte den Preis bereithalten/bereit halten.

6 **Schreiben Sie den Text in der regelgerechten Form ab und führen Sie ihn fort. Schreiben Sie ihn so, dass er eine Information für Ihre Klasse oder Ihren Bekanntenkreis über die Rechtschreibreform sein kann.**

Zur Rechtschreibreform

Eines der schwierigsten Kapitel der neuen Rechtschreibung ist die Zusammen- und Getrenntschreibung, da es hier z.T. auf feine Bedeutungsunterschiede ankommt. Wenn eine Lehrerin etwa sagt: „Dies Wort wird kleingeschrieben/klein geschrieben", dann ist dies im übertragenen Sinne gemeint (= kleine Anfangsbuchstaben), während der Satz „Du solltest im Heft kleinschreiben/klein schreiben" etwas über die Größe aller Buchstaben aussagt. Ähnlich ist es mit Beispielen wie: „Er hat die Freiheit wiedergewonnen/wieder gewonnen" im Sinne von zurückgewonnen und „Sie wollen den Titel wiedergewinnen/wieder gewinnen" in der Bedeutung von nochmals gewinnen. In einigen Fällen müssen die Schreibenden die Sprache sicher beherrschen, etwa in folgendem Fall: „Er hat ihm weisgemacht/weis gemacht, dass morgen die Veranstaltung ausfalle." Wer weiß schon, dass „weis" als Wort nicht selbstständig vorkommt/vor kommt? In solchen Fällen sollte man im Wörterbuch nachschlagen/nach schlagen oder einfach ein anderes Wort einsetzen/ein setzen. Vielleicht merkt man im Laufe der Zeit, dass Sätze wie „Das ist dahergekommen/daher gekommen, weil Hans nicht aufgepasst hat" und „Auf einmal ist Emil dahergekommen/daher gekommen" auch ohne unterschiedliche Rechtschreibung in ihrem Sinn eindeutig sind ...

2.3 Getrenntschreibung in Verbindung mit Verben

Folgende Verbindungen mit Verben werden in der Regel getrennt geschrieben:

Substantiv + Verb
Gitarre spielen, Rad fahren, Schlittschuh laufen, Boot fahren, Schlange stehen, Pleite machen, Fuß fassen, Feuer fangen
→ Siehe aber S. 28: *irreführen, standhalten, stattfinden, teilnehmen, wundernehmen* usw.
Infinitiv + Verb
spazieren gehen, lesen üben, laufen lernen
Bei Verbindungen mit *lassen* bzw. *bleiben* ist bei übertragener Bedeutung auch Zusammenschreibung möglich, z. B. *Er ist im 8. Schuljahr sitzen geblieben/sitzengeblieben.* Ebenso: *kennen lernen/kennenlernen.*
Partizip + Verb
geschenkt bekommen, getrennt schreiben
Aber: *verloren gehen/verlorengehen, gefangen nehmen/gefangennehmen, bekannt machen/bekanntmachen* (weil hier auch eine übertragene Bedeutung angenommen werden kann)
Verbindungen mit dem Verb *sein*
fertig sein, traurig sein, müde sein (immer getrennt)
Wortgruppen aus Adjektiv + Verb, wenn die Verbindung wörtlich verstanden werden kann
schnell laufen, laut singen, sauber schreiben, bequem sitzen
Aber: *schwarzfahren, blaumachen, krankschreiben* (weil die Verbindung nur in übertragener Bedeutung verstanden werden kann)
Substantivierungen werden immer zusammengeschrieben
das Radfahren, beim Spazierengehen, das Gefangennehmen, im Beiseitelegen, unser Getrenntleben

Neu!

1 Unterstreichen Sie die Wörter, die nach den obigen Regeln getrennt geschrieben werden:

Bewegung hält gesund

In dieser Gesellschaft müssen noch viele Menschen lernen, dass man nicht nur Rad fahren lernt, sondern auch mit dem Rad fahren kann – z. B. zur Arbeit. Alle körperlichen Betätigungen, wie z. B. Teppich klopfen oder Treppen steigen, sind schon deshalb zu empfehlen, weil sonst, wie man so sagt, unsere Gesundheit selbst baden gehen kann. Das Badengehen sollte nicht auf den Sommer beschränkt bleiben, sondern auch im Winter für den Einzelnen wichtig sein. Mit vielen anderen kann man bei Bewegungsübungen gesellig zusammen sein. Zwar haben das viele Leute schon von ihren Krankenkassen erfahren, aber im täglichen Trott kann das Gesundheitsbewusstsein schon einmal verloren gehen. Allerdings: Kopfstehen sollte man nun nicht unbedingt jeden Morgen, denn bei vielen Menschen muss man Angst haben, dass sie sich dabei eher schaden als nützen.

2 Bilden Sie mit den Wörtern aus I. und II. Wortgruppen. Erstellen Sie weiterhin mit den entstehenden Wortgruppen je zwei Sätze unterschiedlicher Bedeutung.
Bilden Sie weitere Beispiele.

I. spazieren, kennen, leben, bestehen, liegen, laufen
II. lernen, gehen, bleiben

3 Bilden Sie mit den Wörtern aus I. und II. Wortgruppen. Verwenden Sie diese in je einem Satz. Finden Sie weitere Beispiele.

I. Teppich, Auto, Fuß, Angst
II. klopfen, fahren, fassen, haben, machen

I. getrennt, geschenkt, gesagt, geliehen
II. bekommen, schreiben

4 Konkrete oder übertragene Bedeutung? Denken Sie daran, dass bei übertragener Bedeutung auch Zusammenschreibung möglich ist.

einen Termin ____________ platzen/lassen), den Schlüssel ____________ (stecken/lassen), den Rucksack in der Bahn ____________ (stehen/lassen), den Hefeteig ____________ (gehen/lassen), den Tee ____________ (ziehen/lassen), auf dem teuren Modeschmuck ____________ (sitzen/bleiben), im Gedächtnis ____________ (haften/bleiben), die Zügel ____________ (schießen/lassen), auf der Autobahn ____________ (liegen/bleiben), im Vortrag ____________ (stecken/bleiben), auf der Couch ____________ (sitzen/bleiben), nichts von sich ____________ (hören/lassen)

5 Diktieren Sie einander die Sätze und setzen Sie die fehlenden Wörter ein.

- In geschäftlichen Verhandlungen darf man sich nicht gehen ...
- Wenn es unangenehm wird, muss man ganz ruhig sitzen ...
- Auf Konferenzen sollten die Geschäftspartner ihre Protokolle zunächst getrennt ... und einander später die Ergebnisse bekannt ...
- Zum Risiko muss man im Geschäftsleben bereit ...
- Der erfolgreiche Abschluss wird vom Vorsitzenden des Aufsichtsrates bekannt ...
- Wichtige Unterlagen dürfen nie verloren ...

6 Schreiben Sie den Text in der regelgerechten Form ab und führen Sie ihn so fort, dass er sich zur Veröffentlichung – z. B. in einer Zeitschrift – eignen würde. (Falls nötig: Nehmen Sie Veränderungen vor.)
Bei der Texteingabe am PC: Geben Sie den von Ihnen vervollständigten Text ein und verändern Sie sein Format (z. B. kursive Hervorhebungen der neuen Schreibweisen usw.).

Gedanken über den Sport
Mit Sport lässt sich heute viel Geld verdienen. Wenn man z. B. an Michael Schumacher denkt, der mit seinen Gagen für das Autofahren/Auto fahren in neue Dimensionen vorgestoßen ist, kann einem schon schwindligwerden/schwindlig werden. Die Einkommen von Lukas Podolski oder Birgit Prinz nehmen sich dabei eher bescheiden aus, wobei das Fußballspielen/fußballspielen/Fußball spielen sicherlich auch den Mann und zunehmend auch die Frau ernährt. Das Motto „Dabeisein/Dabei sein ist alles" gilt wohl nur noch im Amateursport. Interessant ist auch, dass uns die Medien jeden Sportler und jede Sportlerin bis ins letzte familiäre Detail bekanntmachen/bekannt machen. Nichts bleibt verborgen, das Private muss zwangsläufig verlorengehen/verloren gehen. Andere Sportarten sind nicht ausgenommen: das Radfahren/radfahren/Rad fahren, das Skilaufen/Ski laufen/skilaufen, das Schlittschuhlaufen/Schlittschuh laufen usw. Da könnte die Frage naheliegen/nahe liegen, inwieweit dies alles noch mit Sport zu tun hat. Mit dem Sport, den wir in der Schule oder im Verein erleben, das gemeinsame Zusammensein/zusammensein/Zusammen sein mit Sportsfreunden.

2.4 Der Bindestrich

Der Bindestrich bietet die Möglichkeit, anstelle der Zusammenschreibung die einzelnen Bestandteile deutlicher zu kennzeichnen, um das Lesen zu erleichtern. Eine Zusammensetzung wie *xbeliebig* (falsch!) lässt sich sicher schwerer lesen als die richtige Schreibweise *x-beliebig*. In Zweifelsfällen haben Schreibende einen größeren Entscheidungsspielraum.

Der Bindestrich muss gesetzt werden

- **bei Zusammensetzungen mit Einzelbuchstaben, Abkürzungen**
  x-beliebig, n-Eck; LKW-Fahrer; Bilder-Abc
- **in Wortzusammensetzungen mit Endungen im vorderen Teil der Zusammensetzung**
  der 68er-Jahrgang

Neu!

- **bei Zusammensetzung mit Ziffern, aber nicht bei bloßen Endungen**
  4-mal, 99-prozentig, aber: *68er, die 90er, ein 1948er*
- **wahlweise in der Verbindung mit *Jahr***
  die 80er-Jahre oder *die 80er Jahre*

Der Bindestrich wird gesetzt, wenn

- **Endungen mit Einzelbuchstaben verbunden werden**
  der x-te, n-tel
- **mehrere Wörter als Bestimmung vor einem Grundwort stehen und die Reihung dadurch unübersichtlich wird**
  Oktober-November-Ausgabe, Berg-und-Tal-Fahrt, die Desktop-Publishing-Software
- **mehrere Wörter als Bestimmung vor einem substantivierten Infinitiv stehen**
  das In-den-April-Schicken, das Von-der-Hand-in-den-Mund-Leben
- **bereits eine Zusammensetzung mit Bindestrich besteht**
  die Dehnungs-h-Schreibung; D-Zug-Wagen; 2-Euro-Stück

Der Bindestrich kann gesetzt werden (stilistisches Mittel),

Neu!

- **um einzelne Bestandteile hervorzuheben**
  die Kann-Bestimmung oder *die Kannbestimmung*
- **um die Lesbarkeit zu verbessern**
  Sägeketten-Haftöl oder *Sägekettenhaftöl*

Neu!

- **wenn drei gleiche Buchstaben zusammentreffen**
  Tee-Ernte oder *Teeernte, Schifffahrt* oder *Schiff-Fahrt.*
- **um Missverständnisse zu vermeiden**
  Druck-Erzeugnis bzw. *Drucker-Zeugnis* oder *Druckerzeugnis*

Neu!

- **um zusammengesetzte Fremdwörter besser zu gliedern, wobei die Hauptform die Zusammenschreibung ist**
  Shoppingcenter oder *Shopping-Center, Midlifecrisis* oder *Midlife-Crisis*

1 Unterstreichen Sie alle Wörter mit Bindestrich und ordnen Sie sie den einzelnen Regeln zu.

Kennen Sie auch das Aha-Erlebnis bei der Lösung eines Problems? Jeder PC-Benutzer wird es erlebt haben. Hoffentlich haben Sie durch die Erläuterungen zur neuen deutschen Rechtschreibung keinen Black-out. 100-prozentig sicher in der Anwendung sind wir alle noch nicht. Häufig gibt es ein Sowohl-als-auch. Obwohl die Rechtschreibreform bereits in den 70er Jahren vorbereitet wurde, konnte man bestimmt nicht alles bis auf den i-Punkt planen. Besonders bei der Laut-Buchstaben-Zuordnung ist man auf viele Probleme gestoßen. Mit diesem Rechtschreib-Übungsbuch sollen Sie sich mit den neuen Regeln vertraut machen. Vielleicht ist die s-Schreibung noch ungewohnt und Sie überlegen zum x-ten Mal beim Doppel-s und dem dass-Satz. In diesem Fall sollten Sie Stress-Situationen nicht aufkommen lassen und eine Pause einlegen. Sie benötigen dann nicht gleich eine Sauerstoff-Flasche (erst recht keine Mund-zu-Mund-Beatmung). Ein Vitamin-C-haltiges Getränk oder ein Rote-Bete-Salat ist dann bestimmt besser als eine Tafel Nuss-Schokolade. Vielleicht bringt der UKW-Sender ein flottes Stück aus den 70er-Jahren, das den 18-Jährigen ebenso begeistert wie den 40-Jährigen. Oder entspannen Sie sich lieber bei einer A-Dur-Arie oder einem Walzer im 3/4-Takt? Das Musik-Erleben (Musiker-Leben) ist schließlich sehr unterschiedlich.

2 **Setzen Sie die Buchstaben *i, x, x, t, v, o, s* ein.**

Die Kurve verlief _____ förmig.

Ob _____ beinig oder _____ beinig, das ist hier die Frage!

Wir bestellten die _____ Träger bereits _____ mal.

Der _____ Ausschnitt war das _____ Tüpfelchen.

3 **Schreiben Sie die Beispiele in Verbindung mit Ziffern, z. B. *3-Tonner, 4-jährig, …***

Dreitonner, vierjährig, vierzehnkarätig, in den Neunzigerjahren (auch: in den neunziger Jahren), fünfzigprozentig, zweisilbig, Zweipfünder, Vierzigjähriger, dreimonatig, achtziger, zehnseitig, die Achtkilogrammpackung, achtmal, Einhundertmeterlauf, Zehneuroschein

4 **Partnerarbeit: Wie lautet die entsprechende Wortzusammensetzung für jede Abkürzung? Fügen Sie weitere Wörter hinzu. Beispiel: *UKW-Sender, Dipl.-Hdl.* Finden Sie weitere Beispiele.**

Kfz ____________	EU ____________
DIN ____________	TÜV ____________
DFB ____________	Dipl. ____________
____________	____________
____________	____________
____________	____________

5 **Schreiben Sie die zweite mögliche Schreibweise. Entscheiden Sie, welcher Form Sie den Vorzug geben.**

Muss-Bestimmung oder Mussbestimmung

Ich-Form oder ____________	Kongresssaal oder ____________
Schnellläufer oder ____________	Werkstoffforschung oder ____________
Schritttempo oder ____________	See-Elefant oder ____________
Achlaut oder ____________	Teeernte oder ____________
Nussschale oder ____________	Sollseite oder ____________
Brauerzeugnis oder ____________	Schmuckblatttelegramm oder ____________

6 **Finden Sie weitere Aneinanderreihungen und bilden Sie Sätze.**

das In-den-Tag-hinein-Leben, Do-it-yourself-Bewegung, No-Future-Generation, …

7 **Erklären Sie jeden Begriff und bilden Sie Sätze (wählen Sie eine Schreibweise).**

Come-back – Comeback	Tiebreak – Tie-Break	Lay-out – Layout
Count-down – Countdown	Fulltimejob – Fulltime-Job	Jobsharing – Job-Sharing

2.5 Straßennamen

Die Regeln zur Schreibung der Straßennamen haben sich im Zuge der Rechtschreibreform nicht geändert.

Straßennamen bestehen in der Regel aus einem Grundwort – *Straße, Weg, Platz, Allee* … – und einem oder mehreren Bestimmungswörtern (Substantiv, Adjektiv, Namen …).

Besteht das Bestimmungswort aus einem einfachen oder zusammengesetzten Substantiv, dann schreibt man zusammen:
Hauptstraße, Vollmondstr., Hermannstraße, Müllerstraße, Rathausplatz, Marienwerderstr.
Besteht das Bestimmungswort aus einem unflektierten Adjektiv, werden Bestimmungswort und Grundwort zusammengeschrieben:
Altmarkt, Neumarkt, Hochstr.

Ist das Bestimmungswort jedoch ein flektiertes Adjektiv, dann schreibt man getrennt:
Kleine Gasse, Grüner Weg, Neue Straße
Ebenfalls getrennt schreibt man, wenn eine Präposition zum Bestimmungswort gehört.
(In Straßennamen werden das erste Wort und alle Adjektive sowie Zahlwörter großgeschrieben.)
An der Alten Mühle, Im Kleinen Feld, Auf dem Neuen Anger, Hinter dem Zahlbach
Getrennt schreibt man auch, wenn es sich beim Bestimmungswort um eine Ableitung von einem geografischen Namen auf *-er* oder *-isch* handelt:
Dortmunder Platz, Münchener Straße, Mecklenburgische Str.
(Bitte beachten Sie, ob das Bestimmungswort tatsächlich eine Ableitung ist. *Marienwerderstr.* z. B. ist ebenso wenig eine wie *Franziskanerstr.*: Die Stadt heißt Marienwerder; die Personengruppe Franziskaner ist ein Mönchsorden.)

Mit Bindestrich schreibt man, wenn die Bestimmung aus mehreren Namen oder Titeln besteht:
Käthe-Kollwitz-Platz, Professor-Sauerbruch-Str.

1 Unterstreichen Sie alle Straßennamen und ordnen Sie sie den Regeln zu.

Wegbeschreibung

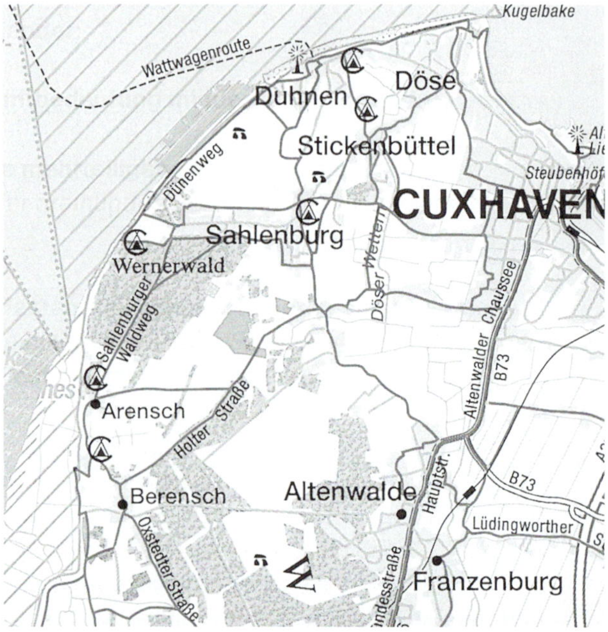

Den letzten Urlaub verbrachten wir in Arensch in der Nähe von Cuxhaven. Wir wohnten in der Arenscher Straße. An unserem zweiten Ferientag fuhren wir mit dem Rad über den Sahlenburger Waldweg bis nach Sahlenburg. Dort kamen wir mit einem Einheimischen bei einer Rast ins Gespräch. Er entpuppte sich als ein pensionierter Fremdenführer. Auf unsere Frage, welche Tour er empfehlen könnte, schnurrte er Folgendes herunter: „Von hier kann man über den Dünenweg am Meer entlang nach Duhnen fahren. Durch den Ort fährt man über die Duhner Strandstraße, die Nordstraße und die Cuxhavener Straße. Von dort biegt man ab auf den Neptunweg und gelangt wieder zum Strand. Der Weg führt weiter über den Steinmarner Seedeich bis zur Kugelbake. Von dort gelangt man über den Döser Seedeich vorbei an der Emmastraße, der Badehausallee, der Lettow-Vorbeck-Straße, Albert-Schweitzer-Straße, Adolfstr. zur Marienstr. in Cuxhaven. Hier kann man über den Schillerplatz bis zur Kreuzung Kurze Str./Schillerstr./Heinrichstr. fahren und dann abbiegen in den Alten Deichweg. Anschließend fährt man weiter auf der Straße Am Alten Hafen und Bei der Alten Liebe und erreicht dann die weltberühmte Alte Liebe am Weltschifffahrtsweg." Wir bedankten uns höflich für die Auskunft und zückten an der nächsten Straßenecke verstohlen unsere Fahrradkarte.

2 Ihr Standort ist die „Alte Liebe" und Sie wollen zur Bachstraße. Schreiben Sie die Namen der Straßen auf, die Sie entlanggehen oder -fahren.

____

____

____

____

____

____

____

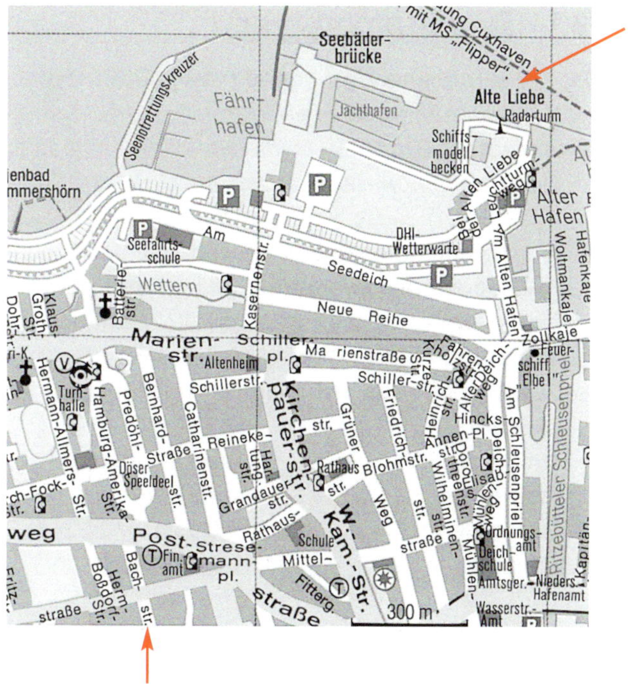

3 Suchen Sie sich in einem Stadtplan „Start" und „Ziel" und beschreiben Sie den Weg (Partnerarbeit).

4 Groß oder klein?

anne-frank-weg, am stadion, seestraße, untere breite straße, im wiesental, auf dem segensberg, am hohen malberg, pastor-bergmann-str., am langen reck, an der kirche, bielefelder str., breslauer ring, unterer stiller winkel, zur schönen aussicht

5 Schreiben Sie richtig und ordnen Sie die Straßennamen in eine selbst erstellte Tabelle.

aufderheide, blumenstraße, theodorstormstraße, brauhausstraße, brandenburgerstraße, amsüdbahnhof, anderaltenmauer, obererkreuzweg, münchenerplatz, klosterstraße, grenzstraße, mindenerstraße, großewallstraße, johanniskrautweg, martinstraße, marktstraße, markthallenstraße, jenaerstraße, hermannlönsstraße, langestraße, amfreibad, amrumstraße, berlinerplatz, unterdenlinden, robertkochallee, andersandkuhle, eschenweg, dürerstraße

Getrenntschreibung	Zusammenschreibung	Schreibung mit Bindestrich
Auf der Heide	*Blumenstraße*	*Theodor-Storm-Straße*
...	...	...

6 Notieren Sie alle Straßennamen der Wohnung Ihrer Mitschülerinnen und Mitschüler.

7 Beschreiben Sie den Weg von Ihrer Wohnung bis zur Schule/zum Arbeitsplatz.

8 Erstellen Sie eine genaue Wegbeschreibung vom Bahnhof/von der Bushaltestelle/vom Ortseingangsschild Ihres Wohnortes bis zu Ihrer Wohnung.

9 Ihre Klasse plant eine Klassenfeier zum Schuljahresende. Schreiben Sie die Einladung und fügen Sie eine genaue Wegbeschreibung (zur Gaststätte, zum Grillplatz usw.) bei.

10 Sehen Sie sich die Straßenschilder in Ihrem Wohnort genau an. Sind alle Namen richtig geschrieben?

3 Die Schreibung der Laute

3.1 Das Stammprinzip

Das gesprochene Wort besteht aus Lauten. Dabei unterscheidet man:
- Vokale/Selbstlaute *a, e, i, o, u*
- Umlaute *ä, ö, ü*
- Diphthonge/Zwielaute *au, äu, eu, ai, ei*

Alle anderen Laute nennt man Konsonanten (Mitlaute), da bei der Aussprache ein weiterer Laut mitklingt (z.B. *b, g, d, n, p* usw.).

Der Sinnträger eines Wortes wird als Wortstamm (kurz: Stamm) bezeichnet und aus Selbstlauten und Mitlauten gebildet:

Stamm	***Wahl***
Stämm *e*	***wähl*** *en*
stamm *en*	***wähl*** *bar*
ab ***stamm*** *en*	*ver* ***wähl*** *en*
Ab ***stamm*** *ung* usw.	*Aus* ***wahl*** usw.

Innerhalb eines Stammes bleiben die Mitlaute im Allgemeinen in der ursprünglichen Form erhalten. Veränderungen ergeben sich allenfalls bei den Selbstlauten (z.B. *a – ä*).
Dieses Stammprinzip wurde (und wird) nicht immer konsequent eingehalten.
So schrieb man bisher: *Nu**mm**er* – aber: *nu**m**erieren.*
Solche Abweichungen vom Stammprinzip können nicht logisch begründet werden. Durch die Rechtschreibreform werden jetzt einige dieser Probleme beseitigt.

Wörter und Wortstämme sollen sich in Worterweiterungen (Wortfamilie) oder Wortzusammensetzungen möglichst wenig ändern.

Neu!

Beim Zusammentreffen von drei gleichen Buchstaben bleiben alle erhalten.

Schiff	+	*Fahrt*	→	*Schifffahrt**
Schiff	+	*Fracht*	→	*Schifffracht**
Tee	+	*Ernte*	→	*Teeernte**
Fluss	+	*Senke*	→	*Flusssenke**

Ebenfalls neue Schreibweise:

Zier	+	*rat*	→	*Zierrat*

→ * Zur Schreibung mit Bindestrich siehe auch Seite 32.

Ausnahme: Bei Wortzusammensetzungen, die bisher als eine Einheit empfunden wurden, werden keine weiteren Mitlaute eingefügt:
Mittag, dennoch, Drittel

Neu!

Wird der Wortstamm durch die Nachsilbe *-heit* erweitert, bleibt auch ein vorausgehendes *h* erhalten.

roh + *heit* → *Rohheit*
Ausnahme: *Hoheit*

Nach betontem, kurzem Selbstlaut stehen zwei Mitlaute. Hört man nur einen, wird der verdoppelt.

Bei einigen Wörtern wird deshalb nach dem Stammprinzip die Schreibweise verändert:

Ass	wie	*die Asse, des Asses*
Karamell		*Karamelle*
Mopp		*moppen*
nummerieren		*Nummer*
Tipp		*tippen*
Tollpatsch		*toll*
Stuckateur		*Stuck*
platzieren		*Platz*

Umlautschreibung nach dem Stammprinzip

behände	zu	*Hand*
Gämse		*Gams*
Bändel		*Band*
belämmert		*Lamm*
Quäntchen		*Quantum*
schnäuzen		*Schnauze*
Stängel		*Stange*
überschwänglich		*Überschwang*
verbläuen		*blau*

Beides ist möglich:

Schenke	zu	*ausschenken*
Schänke		*Ausschank*
aufwendig		*aufwenden*
aufwändig		*Aufwand*

Weitere Änderungen:

rau (ohne *h*)	wie	*grau, blau, schlau*	
Känguru (ohne *h*)		*Kakadu, Gnu*	
Föhn (Heißlufttrockner)	wie	*Föhn* (Fallwind)	als Warenzeichen: *Fön*

Beides ist möglich:

selbst +	*ständig*	→	*selb**stst**ändig*	oder wie bisher *selb**st**ändig*
Albtraum	oder		*Alptraum*	
Albdrücken	oder		*Alpdrücken*	

1 Bilden Sie zu jedem Beispiel einen Satz.

2 Schreiben Sie einen zusammenhängenden Text, der viele der neuen Schreibweisen enthält.

3.2 *s, ss* oder *ß*?

Sollten Sie zweifeln, ob ein Wort mit *s, ss* oder *ß* geschrieben wird, können Sie das Problem nur lösen, indem Sie auf die Aussprache der einzelnen Wörter achten.
Wenn Sie bewusst sprechen, wird Ihnen auffallen, dass viele Buchstaben unterschiedliche Laute wiedergeben.
Sprechen Sie z. B.: *die Rose – das Ross.*
Das *o* wird bei *Rose* lang gesprochen („langer Vokal"),
bei *Ross* kurz („kurzer Vokal").
(Als lange Vokale gelten auch die Diphthonge *au, ei, ai, eu, äu.*)
Der *s*-Laut wird bei *Rose* weich, „stimmhaft" gesprochen,
bei *Ross* kurz, scharf, „stimmlos".

Vergleichen Sie auch:
in dem Maße – in der Masse
fließen – Fluss
beißen – biss

Beim stimmhaften *s*-Laut ist es einfach: Hier wird immer *s* geschrieben.
Wie ist es aber in allen anderen Fällen? – Hier gilt Folgendes:

Der stimmlose *s*-Laut wird nach langem Vokal oder Diphthong *ß* geschrieben:
grüßen, sie grüßt, Gruß
weiß, zerreißen, draußen

Ausnahme: Wenn in verwandten Formen ein stimmhaftes *s* steht, schreibt man auch nach langem Vokal *s* und nicht *ß*:
sie liest, er las weil: *lesen*
das Glas weil: *Gläser*

Neu!

Der stimmlose *s*-Laut wird nach kurzem Vokal *ss* geschrieben:
küssen, ich küsse, küsste, Kuss

Wichtige Besonderheiten:

das (Artikel)	– *dass* (Konjunktion)	*er ist* (von *sein*)	– *er isst* (von *essen*)
fast (= beinahe)	– *er fasst* (von *fassen*)	*du hast* (von *haben*)	– *du hasst* (von *hassen*)
die *Küste*	– *sie küsste*	*bis*	– *der Biss*

1 *ss* oder *ß*: Begründen Sie die Schreibungen im folgenden Text mit Hilfe der obigen Regeln.

Krieg und Frieden um Wasser
In dem Maße, wie immer größere Menschenmassen Wasser benötigen, wird dies auch in Ländern, in denen einst Überfluss herrschte, zum knappen Gut. Neben dem Mehrverbrauch spielt auch eine Rolle, dass das verunreinigte Wasser in der Regel aufbereitet werden muss, was man früher nicht tun musste. In Regionen mit Wassermangel gab es daher schon Kriege um das heiß begehrte Nass. Wasser zwingt aber auch zum Frieden. Ein Jordanier berichtet: „Im Winter leiten wir nur so viel Wasser aus dem Jarmuk ab, wie wir brauchen. Dafür pumpen die Israelis zwanzig Millionen Kubikmeter mehr in ihren See als bisher. Und im Sommer geben sie uns die gleiche Menge durch diese Leitung zurück." „Und das funktioniert?" „Ohne Probleme! Die Israelis verwalten das Wasser für uns, weil wir keinen Speicher haben wie den See Genezareth. Schon deshalb mussten wir diesen Frieden schließen."

2 Ersetzen Sie die Lücken durch *ss* bzw. *ß*.

Peter Bichsel, Wege zum Flei____

Als die Gazellen von den Löwen Mitbestimmung forderten, waren die Löwen dagegen. „Es kommt noch so weit, da____ die Gazellen bestimmen, wen wir fre____en", sagten die Löwen. Sie beriefen sich auf eine unverdächtige

Studie des WWF und sprachen von Wildpartnerschaft bei klarer Kompetenztrennung: Fre____en auf der einen Seite, Gefre____enwerden auf der anderen Seite. „Denn", so sagten sie, „es liegt doch auf der Hand, dass einer nicht zugleich etwas vom Gefre____enwerden und vom Fre____en versteht. Und der Entscheid, jemanden zu fre____en, mu____ schnell und unabhängig gefa____t werden können." Das leuchtete denn auch den Gazellen ein. „Eigentlich haben sie Recht", sagte eine Gazelle, „denn schließlich fre____en wir ja auch." „Aber nur Gras", sagte eine andere Gazelle. „Ja, schon", sagte die erste, „aber nur, weil wir Gazellen sind. Wenn wir Löwen wären, würden wir auch Gazellen fre____en." „Richtig", sagten die Löwen.

3 **Ersetzen Sie die Lücken durch *ss* bzw. *ß* und setzen Sie die Reihen nach dem Beispiel der ersten entsprechend fort.**

fließen,	er fließt,	er floss,	geflossen;	Floß
gie____en,	er ____________,	er ____________,	____________;	Gu____
bei____en,	er ____________,	er ____________,	____________;	Bi____
la____en,	er ____________,	er ____________,	____________;	lä____ig
mü____en,	er ____________,	er ____________,	____________;	mü____ig

4 **Füllen Sie die Lücken durch *s*, *ss* bzw. *ß* aus.**

Er pa____te genau auf, ob die Tür pünktlich geschlo____en wurde. Es hei____t: „Man soll die Fe____te feiern, wie sie fallen." Georg mu____te um neun Uhr die Rollläden herunterla____en. Er lie____ sie auch pünktlich herunterra____eln. Klau____ fragte Linda: „Warum mu____ er da____ tun?" „Du ha____t wohl nicht verstanden, warum Elli dies so sehr ha____t?" Er zog die Jacke aus, weil ihm hei____ war. Beim letzten Open-Air-Festival sind Ströme von Schwei____ geflo____en. Während des letzten Spiels zwischen Ru____land und Deutschland waren die Stra____en leergefegt. Wer sein Spiel verbe____ern will, mu____ ständig üben, wa____ zugegebenerma____en sehr stre____ig i____t. Wer i____t, der i____t. Der Flu____ trat nach starken Regenfällen über das Ufer. Manch einer benutzte ein Bettgestell als Flo____, um sich in den träge flie____enden Wa____erma____en zu bewegen.

5 **Ersetzen Sie die unterstrichenen Wörter in der richtigen Form durch *ma___enattraktiv*; *anpa___en*; *übermä___ig*; *vergrö___ert*; *Zula___ung*.**

Duales Rundfunksystem
Nicht wenige Kritiker beklagen einen Niveauverlust bei den Öffentlich-Rechtlichen, bei denen es – so der Vorwurf – einen Trend gebe, die eigenen Programme der <u>breiten</u> Unterhaltung der Privaten <u>anzugleichen</u>. Andererseits: Der von vielen Kritikern befürchtete <u>zu hohe</u> TV-Konsum durch die <u>gestiegene</u> Programmvielfalt ist ausgeblieben ... Eine entscheidende Veränderung durch die <u>Lizenzierung</u> neuer Veranstalter macht sich am Fernsehmarkt immer schmerzlicher bemerkbar: Die Preise für Programme und für die Verpflichtung von Fernsehstars sind in schwindelerregende Höhen geklettert.

3.3 *das* oder *dass*?

Vor der Rechtschreibreform war eine der häufigsten Fehlerursachen die Verwechslung von *das* und *daß*. Nach der Reform gibt es diese Fehlerquelle nicht mehr. Tragen Sie mit dazu bei, dass es ab jetzt nicht heißt: „Eine der häufigsten Fehlerquellen der deutschen Rechtschreibung ist die Verwechslung von *das* und *dass.*"

Neu!

> **Die Konjunktion (das Bindewort) *dass*, mit der Nebensätze eingeleitet werden, wird im Gegensatz zum Artikel *das* und zum Relativpronomen *das* mit *ss* geschrieben.**
> Im Zweifelsfall kann als Entscheidungshilfe eine Ersatzprobe durchgeführt werden:
> **Lässt sich für *da*** *dies(es)* oder *welches* einsetzen, wird immer *das* geschrieben.**

1 Führen Sie im folgenden Text die Ersatzprobe durch, indem Sie an den entsprechenden Stellen *dies(es)* bzw. *welches* einzusetzen versuchen.

Musterstadt

Die Polizei berichtet, dass (__________) sich auf der Rigaer Straße ein Unfall ereignet hat. Das Auto, das (__________) der Alleinschuldige fuhr, war auf die Gegenfahrbahn geraten und auf ein entgegenkommendes Fahrzeug geprallt. Dass (__________) der Unfall sich überhaupt ereignen konnte, lag laut Aussage des Unfallverursachers daran, dass (__________) ihn die Sonne so sehr geblendet habe, dass (__________) er den Verkehr nicht mehr habe wahrnehmen können. Das Foto, das (__________) am Unfallort aufgenommen wurde, zeigt das ganze Ausmaß des Schadens. Personen wurden nicht verletzt. Erste Schätzungen ergaben, dass (__________) der Schaden ca. 10 000 EUR beträgt.

2 Bestimmen Sie, ob es sich in den Sätzen um die Konjunktion *dass* handelt. Unterstreichen Sie diese in den jeweiligen Sätzen.

Dass/Das der Zug heute zu spät ankam, lag an einer Betriebsstörung.

Das/Dass Kind, das/dass das/dass Spielzeug bekam, hat sich sehr gefreut.

Ich glaube nicht, das/dass Egon das/dass gesagt hat.

Es war zu dunkel, als das/dass er Genaueres hätte sehen können.

Das Haus, das/dass er von seinen Eltern geerbt hatte, wollte Karl verkaufen.

Aber das/dass hier ist etwas ganz Besonderes.

3 Füllen Sie die Lücken mit *dass* aus bzw. mit *das* im Sinne von *dies(es)* oder *welches*.

Ein Unternehmen, __________ Güter produziert, wird dem sekundären Sektor zugerechnet. Verkauft ein Hersteller seine Produkte zu einem Preis, der unter den Entstehungskosten liegt, nennt man __________ Dumping. __________ Computerhersteller __________ unternehmen, um sich auf dem Markt zu halten, wird immer wieder behauptet. Klar ist auch, __________ eine solche Strategie langfristig keinen Erfolg hat: Ein Unternehmen, __________ auf Dauer bestehen will, darf nicht ständig Verluste machen.

4 **Streichen Sie die falschen Schreibweisen durch und begründen Sie Ihre Korrektur.**

Wo willst du hin? Wer erzählt, das/dass er am Wochenende aufs Land fährt, um die dortigen Diskos auszuchecken, erntet in Hannover meist nur mitleidige Blicke. „Da hängen doch nur Bauern rum“, lautet das/dass verbreitete Urteil. Stimmt das/dass? Etliche Kilometer hinter Neustadt beginnt die Landparty in Francos Disko. Seit 22 Jahren hat dieser liebevoll heruntergekommene Laden Generationen von Kids eine zweite Heimat gegeben. Verändert hat sich wenig: Noch immer dröhnt heftiger 70er-Jahre-Rock durch die Boxen und DJ Kai verrät, das/dass das/dass letzte Mal anno 83 neue Platten gekauft wurden.

5 **Ersetzen Sie die Lücken durch *das* bzw. *dass*. Begründen Sie Ihre Entscheidung.**

Bitte richte deine Abfahrt so ein, __________ du pünktlich bei mir bist, denn __________ Essen, __________ ich vorbereitet habe, kann ich nicht lange warmhalten. __________ Bild, __________ heute in der Zeitung erschien, erinnert mich sehr an __________, __________ Ines im letzten Sommer aufgenommen hat. __________ Jörg heute diesen Beruf ausübt, __________ verdankt er dem guten Zureden seiner Freundin. __________ Wetter, __________ in den letzten Jahren bei uns herrscht, unterscheidet sich deutlich von dem, __________ früher üblich war. __________ Programm, __________ Frank heute für seinen Computer gekauft hat, ist __________ beste, __________ sich auf dem Markt befindet. __________ er sich dafür entschieden hat, geht auf den Rat des Verkäufers zurück, der ihm alle vergleichbaren Programme vorgeführt hat. Ein Sprichwort, __________ gerne zitiert wird, lautet: „Erst der Schmerz verrät der Katze, __________ sie sich in den Schwanz gebissen hat.“ __________ Sprichwort drückt aus, __________ man nicht unüberlegt handeln soll.

6 **Schreiben Sie den Text ab und setzen Sie dabei richtig *das* bzw. *dass* ein.**

Die Meldung, • im Zuge der Gleichstellung von allgemeiner und beruflicher Bildung auch Pflegepersonal • Medizinstudium, • bisher Abitur voraussetzte, aufnehmen könnte, kommentierte eine Zeitung so: „• Beispiel offenbart, • der dritte Bildungsweg eher Illusionen weckt als Chancen eröffnet. Dem Strebsamen steht jederzeit der zweite Bildungsweg offen. Gewiss ist die Auswahl der Medizinstudenten aufgrund der besten Abiturnoten keine Garantie dafür, • stets die am besten geeigneten Ärzte werden. Aber es könnte sein, • diese Auswahl den wissenschaftlichen Fortschritt der Medizin beflügelt hat. Man wertet • Krankenpflegepersonal nicht dadurch auf, • man ihm attestiert: Wärest du nur tüchtig genug gewesen, hättest du schließlich auch Arzt werden können. • Pflegepersonal muss auch anerkannt werden.“

7 **Verfassen Sie einen Brief, in dem Sie eine fehlerhafte Sendung reklamieren. In diesem Brief sollen die folgenden Wendungen vorkommen. (Jeder • steht für *das* bzw. *dass*. Beachten Sie die Briefe auf S. 21 ff.)**

• CD-Laufwerk, • ich am 7. Juli bestellte und • Sie mir am 20. Juli geschickt haben, ...
Nach dem Einbau habe ich festgestellt, • • Laufwerk nicht wie bestellt ...
Da Ihnen offensichtlich ein Verpackungsfehler unterlaufen ist, bitte ich Sie, ...
Da ich • Laufwerk dringend benötige, bitte ich Sie weiterhin, ...
Ich gehe davon aus, • Sie die Versandkosten ...

3.4 Fremdwortschreibung

Die Fremdwortschreibung ist ein Spezialgebiet innerhalb der Laut-Buchstaben-Zuordnung. Im Allgemeinwortschatz (nicht in den fachsprachlichen Fremdwörtern) ist die Schreibweise bei einer Reihe von Fremdwörtern dem Deutschen bereits vollständig angepasst, z.B. *Kulisse* statt *Coulisse*. Durch den Wandel im Sprachgebrauch kommt es zu einer Anzahl von zulässigen Varianten, bei denen sich zum Teil schon die deutsche Schreibung durchgesetzt hat, z. B. ist heute *Fotografie* wesentlich häufiger als *Photographie* und die Form *Telephon* kaum noch anzutreffen.

Die Anpassung bestimmter Fremdwörter an die deutsche Schreibung soll durch die Reform vorsichtig gefördert werden, vor allem da, wo bereits Anpassungsprozesse stattgefunden haben oder stattfinden. Auf die Nennung einer bevorzugten Schreibung wird nach dem neuesten Stand der Rechtschreibreform verzichtet. Man hat sich aber darauf geeinigt, die neue (eingedeutschte) Schreibung in Wörterverzeichnissen zuerst anzugeben.

Neu!

neu	weiterhin auch	neu	weiterhin auch
f	**ph**	**ä**	**ai**
Paragraf Delfin Bibliografie Fotografie Mikrofon	Paragraph Delphin Bibliographie Photographie Mikrophon	Maläse Nessessär Dränage Majonäse	Malaise Necessaire Drainage Mayonnaise
t	**th**	**ss**	**c**
Panter Tunfisch	Panther Thunfisch	Fassette Nessessär	Facette Necessaire
g	**gh**	**sch**	**ch**
Jogurt Spagetti	Joghurt Spaghetti	Ketschup schick scharmant Schikoree	Ketchup chic charmant Chicorée
r	**rh**	**k**	**c**
Katarr Myrre	Katarrh Myrrhe	Disko Klub Kode Kupee Krem(e)	Disco Club Code Coupé Creme
ee	**é**	**u**	**ou**
Rommee passee Glacee Soufflee	Rommé passé Glacé Soufflé	Bravur Buklee Nugat Dublee	Bravour Bouclé Nougat Doublé
-zial, -ziell	**-tial, -tiell**	**ee** (Einzelfall)	**aie**
Potenzial, potenziell substanziell Differenzial, differenzial	Potential, potentiell substantiell Differential, differential	Portmonee	Portemonnaie

Neu!

Daneben gilt:
Bei englischen Wörtern, die auf *-y* enden, wird im Plural entgegen der englischen Schreibweise ein -s angehängt:
Baby – Babys, Lady – Ladys

Die Regel, dass Zusammensetzungen aus zwei Substantiven zusammengeschrieben werden, gilt auch bei Fremdwörtern. Aber auch die Schreibung mit Bindestrich ist zulässig:
Sciencefiction – Science-Fiction, Centrecourt – Centre-Court
Englische Wortverbindungen aus Adjektiv + Substantiv können zusammengeschrieben werden, wenn die Betonung auf dem ersten Wort liegt, ansonsten schreibt man getrennt:
Bigband/Big Band; aber nur *Big Business, Electronic Banking, New Economy*

1 Finden Sie zu jeder Gruppe je ein weiteres Beispiel . Entscheiden Sie dabei, welcher Schreibweise Sie den Vorzug geben.

2 Setzen Sie jeweils die neue Variante ein.

Sprachwandel

Kaum jemand weiß, dass noch vor nicht allzu langer Zeit Bureau statt, wie heute üblich, Büro geschrieben werden musste. Ebenso riefen die Gewerkschaften früher zum Strike und nicht zum Streik auf. Weil heute ____________ (Telephone/Telefone) alltägliche Kommunikationsmittel sind, schwindet in diesem Fall die Fremdschreibung mehr und mehr. Ähnlich ist es bei allen Formen von ____________ (graphisch/grafisch), spätestens seit „____________ (graphische/grafische) Benutzeroberfläche" zum Schlagwort der PC-Welt geworden ist. Wie steht es mit ____________ (Photos/Fotos) Ihrer Urlaubsreise, auf denen sich vielleicht ____________ (Delphine/Delfine) tummeln, oder mit den ____________ (Photokopien/Fotokopien), die Sie von Ihrem ____________ (phantastischen/fantastischen) Zeugnis gemacht haben? In einigen Fällen ist die neue Schreibweise folgerichtig: Da manches Ihre Existenz berührt, darf man auch schreiben, etwas habe Sie ____________ (existentiell/existenziell) getroffen. Allerdings wird es noch eine Weile dauern, bis im Deutschen Rytmus neben Rhythmus geschrieben werden darf. Da sind die Franzosen schon weiter: Sie schreiben „rythme".

3 Bilden Sie Sätze, in denen Sie die folgenden Wörter im Plural verwenden.
Hobby, Lobby, Handy, Rowdy, Lady, Party

4 Finden Sie jeweils die andere mögliche Form und bilden Sie damit Sätze.

Softdrink ____________
Fastfood ____________
Spammail ____________
Trendscout ____________
Smalltalk ____________
Fairplay ____________
… ____________
… ____________

4 Worttrennung am Zeilenende

4.1 Das Prinzip der Silbentrennung

Am Zeilenende kann das Problem auftauchen, dass ein Zeilenwechsel mitten im Wort vorgenommen werden muss. Der Trennstrich ist für den Leser das Kennzeichen, dass ein Wort auf der nächsten Zeile fortgeführt wird. Deshalb ist es nötig, dass durch die Trennung das Lesen nicht erschwert wird. Dies gilt insbesondere für Trennungen bei zusammengesetzten Wörtern, z. B.:

nicht *bein- halten* – sondern besser *be- inhalten*
nicht *Spargel- der* – sondern besser *Spar- gelder*

Wörter trennt man so, wie sie beim langsamen Sprechen in Silben zerlegt werden (Sprechsilben):
lei- der, Ham- burg.
Wird zwischen Konsonanten getrennt, kommt der letzte Konsonant auf die folgende Zeile:
Sil- be, Drechs- ler
***ch, sch* und *ß* werden nicht getrennt:**
Bü- cher, Fla- sche, grü- ßen
Kein einfacher Laut: *Häs- chen*
Doppelvokale und Diphthonge werden nicht getrennt:
Staa- ten, Au- ge, freu- en, bö- ig, Trau- ung
Einzelne Vokalbuchstaben am Wortanfang oder -ende werden nicht abgetrennt, auch nicht in Zusammensetzungen:
Abend, Som-mer-abend, Ufer, aus-ufern, Kleie
Zusammengesetzte Wörter trennt man wie bisher nach den sprachlichen Bestandteilen
(natürlich innerhalb dieser Bestandteile nach Silben):
Wort- stamm, Vor- sil- be

1 Sprechen Sie die getrennten Wörter langsam und deutlich.

Textprogramme für den PC erleichtern in vielerlei Hinsicht das Schreiben. Man darf jedoch von ihnen keine Wunder erwarten. Der Anwender wird durch Programme unterstützt (z. B. Rechtschreibhilfe, Silbentrennung), doch sie nehmen ihm das Denken (und das Entscheiden) leider nicht ab. Es ist wirklich toll, wenn während des Schreibens wie von Zauberhand die Wörter automatisch getrennt werden. Sehr oft werden Trennmöglichkeiten vom Programm nicht erkannt oder es entstehen unleserliche und unschöne Trennungen. Um diese Fehler zu verhindern, schlagen viele Programme oft Trennungen vor, die manuell vom Anwender bestätigt oder abgelehnt werden. Dieses Verfahren ist zwar etwas langsamer, hat aber den Vorteil, dass der Text anschließend nicht noch einmal überprüft und überarbeitet werden muss.

2 **Trennen Sie die Wörter mit einem senkrechten Strich nach jeder Silbe. Schreiben Sie mindestens fünf weitere Beispiele auf.**

zeigen, Monat, halten, Kunden, kaufe, liefern, feilen, Eimer, schwankten, trinken, bringen, klopfte, bohrte, faxte, bewerben, arbeiten, Zange, Karte, fertig, Rechnung, Fertigung, Zahlung, Zeitung, Tasche, vergrößern, Maße, Klasse, mischen, Häuschen, Mauer, bauen, Lauge, Bebauung, befreien, Waage, ...

---

3 **Trennen Sie auch hier die Wörter durch einen senkrechten Strich und beachten Sie die sprachliche Gliederung; z. B. *Bild-schirm-arbeits-platz, Um-bruch.* Schreiben Sie mindestens fünf weitere Beispiele auf.**

Nachricht, Bleistift, Zollstock, Montag, Sonnabend, Schriftgröße, Arbeitsplatz, Betreff, Baustein, Druckschrift, Anschrift, Verständnis, Geschäft, beobachten, Vortrag, antreten, Vertreter, einstellen, umgraben, abgebrochen, beenden, geändert, Verkauf, zuordnen, Vordruck, ...

---

4 **Partnerarbeit: Diktieren Sie einander die Beispiele im Wechsel zeilenweise. Betonen Sie die Sprechsilben und schreiben Sie alle möglichen Trennstriche. Besprechen Sie auftretende Probleme.**

Zeichnung, Fertigungstechnik, Bestellzettel, Roheisengewinnung, Briefe, diese, Bewerbung, Anlage, Bauer, Abwicklung, Silbentrennungsregeln, technisch, versenden, Geschäftsbericht, Prüfung, Rechnungsbetrag, sofort, Zahlungsverpflichtungen, Großhandlung, Einzelhändler, beenden, bisher, sorgfältig, Unternehmen, Masche, Lieferterminüberschreitung,´ Verkaufsleiter, Entscheidung, Lieferverzug, Rundschreiben, flüssig, Hausmitteilung, Rohr, Bezirksvertreter, böig, lauer, Donnerstag, Größe, Vorstellungsgespräch, löschen, Schulausbildung, Kuchen, Lebenslauf, rauchen, getroffen, Nachmittag, Unterricht, entschuldigen, ...

5 **Schreiben Sie den Text ab. Wählen Sie dabei unterschiedliche Blattgrößen oder unterteilen Sie die Schreibfläche in mehrere Spalten.**

Texteingabe am PC:
Erfassen Sie den Text fortlaufend ohne Trennung am Zeilenende und kopieren Sie ihn mehrmals. Verändern Sie die Seitenränder oder den Einzug. Wählen Sie für jede Kopie unterschiedliche Schriftarten und Schriftgrößen. Trennen Sie mit dem Silbentrennprogramm.

Ob ein Text mit der Schreibmaschine, dem PC oder mit der Hand geschrieben wird: Um einen ausgeglichenen rechten Rand zu erhalten, ist oft eine Worttrennung am Zeilenende notwendig. Der Trennungsstrich trennt und verbindet das Wort wieder zu einer Einheit. Bei der Silbentrennung ist darauf zu achten, dass eine Trennung – obwohl sie den Regeln entspricht – den Sinn nicht entstellt und das Wort gut lesbar bleibt (bein- halten oder be- inhalten).

Ein Schriftstück, das aus mehreren Zeilen, Absätzen oder Seiten besteht, kann sehr unterschiedliche Worttrennungen enthalten. Welche Wörter getrennt werden müssen, ist abhängig von der Größe der Schrift, der gewählten Schriftart (Handschrift, Schreibmaschinenschrift, Arial, Helvetica usw.) sowie der Schreibfläche (Postkarte, Block, Seitenränder beim Textprogramm).

Die Funktion „Silbentrennung" bei einem Textverarbeitungsprogramm erzeugt „bedingte" Trennstriche. Diese Trennungen werden unsichtbar, wenn das Wort in das Innere der Zeile rückt. Wird das Wort dann wieder an das Zeilenende verschoben, erscheint der Trennstrich wieder. Der Strich sollte nie am Zeilenende mit der Mittestrichtaste fest eingegeben werden, da dieser Trennstrich immer bestehen bleibt (auch wenn das ganze Wort in die nächste Zeile rutscht).

4.2 Die Trennung von *st* und *ck*

In irgendeiner Form kennen alle den Satz: „Trenne nie *st*, denn es tut ihm weh.“ Nach der Reform sind solche Merkhilfen nicht mehr nötig, denn *st* wird jetzt wie andere Buchstabenkombinationen getrennt. Auch andere Ausnahmen sind an die allgemeinen Regeln der Silbentrennung angeglichen worden.

Neu!

Trennung von *st*:
Kis- ***ten****, ras-* ***ten****, bas-* ***teln****, has-* ***ten****, am schön-* ***sten***
Diese Regel gilt nicht bei Zusammensetzungen, deren Teile mit *st* enden oder beginnen:
*Fe****st****- abend, laut-* ***st****ark*

Neu!

ck **steht für einen Laut und wird nicht getrennt:**
Zu- ***ck****er, Bä-* ***ck****er, schme-* ***ck****en*

Neu!

Ein einzelner Vokalbuchstabe am Wortanfang oder -ende darf nicht abgetrennt werden, auch nicht in Zusammensetzungen:
A*bend, Mai-****a****bend,* ***o****der, Treu****e****, Hai****e***
aber: *Ru-i-ne, na-ti-o-nal*

!

Bitte beachten:
Mit-tag, den-noch, drit-tel

1 Lesen Sie den folgenden Text und kennzeichnen Sie mit einem senkrechten Strich die Trennmöglichkeiten.

Auf dem Flohmarkt
Angela besuchte mit ihrem Freund zum ersten Mal den herbstlichen Flohmarkt. Zunächst bauten sie ihren Stand auf und breiteten Schallplatten, gebrauchte Kleidungsstücke, Wolldecken, zwei alte Hocker und defekte Elektrogeräte aus, die sie in Kisten herbeigeschafft hatten. Schnell umstanden die ersten Interessenten den Verkaufsstand; Profis, wie sie erfuhren, die geringfügig beschädigte Elektroartikel, vor allem Fernsehgeräte aufkaufen, auch wenn es sich um alte Kästen handelt. All dies, so erzählten sie, ist nach der Reparatur vor allem im Osten heiß begehrte Ware. Reißenden Absatz fanden ihre Schallplatten, die besonders von Liebhabern gesucht wurden. Als der Andrang geringer wurde, durchstöberten sie selbst die Nachbarstände nach Interessantem. Markus fand die Erstausgabe eines Taschenbuches, das er hastig erstand, denn der Verkäufer wusste offensichtlich nichts von diesem Schatz. Für Markus aber war es das beste Schnäppchen. Gegen Abend packten sie die nicht verkauften Reste und das Erstandene zusammen. Ihren unerwarteten und erstaunlichen Erfolg schlossen sie mit einem Abendessen ab, das sie sich in ihrem Lieblingsrestaurant leisteten.

2 Trennen Sie die folgenden Wörter und finden Sie 10 weitere Beispiele.

Flicken, schmecken, lecken, backen, stecken, Acker, Trecker, Höcker, tackern, Lacke, berücksichtigen, trocknen, Zucker, strecken, Zwecke, Stecker, Bäcker, Drehhocker, tackern, rackern, Röcke, Rosenstöcke

Kleister, Schuster, Deister, rasten, Pfosten, rosten, Kisten, Lasten, Masten, besten, Raster, Pflaster, belasten, fasten, Posten, kurzfristig, Energieleistung, am verlockendsten, am gelungensten

3 Diktieren Sie einander die Wörter. Betonen Sie die Sprechsilben und schreiben Sie alle möglichen Trennstriche.

Wirtschaft, Oberstaatsanwalt, Meerenge, Essensreste, anöden, Kleinstaaterei, ebenbürtig, rechtsstaatlich, Mittag, Hacken, Stubenhocker, aalen, Aasgeier, Elke, Grundfesten, Osten, Westen, Rohheit, Aschenputtel, dennoch, Plackerei, Eschenbach, europäische Länder, Hoheit, Aschaffenburg, Bäckerhandwerk, Reste, Zeilenende, Verkehrsadern, Musterbeispiel

4 Schreiben Sie den Text in der regelgerechten Form ab und führen Sie jeweils am Zeilenende bei einem Wort die Trennung durch.

Texteingabe am PC:
Geben Sie den Text fortlaufend ohne Trennung am Zeilenende – aber natürlich in der ansonsten regelgerechten Form – ein und kopieren Sie ihn mehrmals. Verändern Sie die Seitenränder. Wählen Sie für jede Kopie unterschiedliche Schriftarten und Schriftgrößen. Trennen Sie mit dem Silbentrennprogramm und kontrollieren Sie die Trennungen auf ihre Richtigkeit.

Einsnurvorweg:DiefolgendenAussagensindmitgroßerVorsichtzugenießen!Zwaristesziemlichegal,objemandan
ElbeoderOderwohnt:SilbentrennungistschoneinSpielchenfürsich.Warumtrenntmanüberhaupt?Natürlichmeiste
rnwirunserLebenauchohnedieseTrennungen,aberdennochsindsiemanchmalganznützlich.Manmussschonmit
Adleraugenhinschauen,wennplötzlichdieTrennungenfehlenundderganzeTextzusammengeschriebenist.Jeder
Uhuwärewahrscheinlichjetztbeleidigt.DannhilftinderRegelnureingeübtesAugeohneKnickinderPupille.DerLohn
derPlackereiistzwarnichtmitGeldzubemessen,bereitetaberinsgesamtvielleichtdasGefühl,docheinMeisterderSc
hriftzusein.WereineAderfürRätselhat,demkommensolcheSpielereiendurchausentgegen.AuchbeiderBehandlu
ngdiesesTextesgiltimmerdasMotto„Meckerngiltnicht".AufgeweckteSchülerinnenundSchülerdurchschauendas
PrinzipsofortunderkennendieUnsinnigkeitderhierzusammengebasteltenAusführungen.IndiesemSinnevielFreu
debeiderEntflechtung!WennSieganzvieltunwollen:FührenSiediesenTexteinfachweiterundgebenSieihnIhremLe
hreroderIhrerLehrerinzurVerbesserung.EinguteNoteistIhnenbeisovielEifersicherlichgewiss.Allerdingsistdiese
AussageohneGewähr,weil...

4.3 Die Trennung von Fremdwörtern und Sonderfälle

Ein Sondergebiet stellte und stellt die Trennung der Fremdwörter dar. Fremdwörter wurden im Allgemeinen nach den Wortbestandteilen der Herkunftssprache getrennt, jetzt können sie auch wie deutsche Wörter nach Sprechsilben getrennt werden.

Neu!

Bei Fremdwörtern, in denen die Verbindung Konsonant + *l*, *n* oder *r* vorkommt, kann der zweite Buchstabe auf die neue Zeile kommen. Möglich ist aber auch, beide Buchstaben zusammen auf die nächste Zeile zu schreiben.

Konsonant + *l*		**Konsonant + *n***		**Konsonant + *r***	
Zyk- lus	*nob- le*	*Mag- net*	*Mag- nesium*	*Feb-ruar*	*Hyd-rant*
Zy- klus	*no- ble*	*Ma- gnet*	*Ma- gnesium*	*Fe- bruar*	*Hy- drant*

Neu!

Fremdwörter können nach den Regeln der deutschen Silbentrennung oder nach ihren originalen Bestandteilen getrennt werden.

Pä- da- go- gik	*Dend- rit*	*met- risch*	*Hek- tar*	*He- li- kop- ter*	*in- te- res- sant*
Päd- ago- gik	*Den- drit*	*me- trisch*	*Hekt- ar*	*He- li- ko- pter*	*in- ter- es- sant*

Zusammengesetzte Wörter, die heute nicht mehr als solche erkennbar sind, können nach den Regeln, die für einfache Wörter gelten, getrennt werden.

wa- rum *hi- nauf* *ei- nan- der*

Daneben bleibt zulässig, sie nach der Wortzusammensetzung zu trennen:

war- um *hin- auf* *ein- an- der*

1 Lesen Sie die Sätze langsam und deutlich. Betonen Sie die unterschiedlichen Trennungsmöglichkeiten der unterstrichenen Wörter und trennen Sie durch einen senkrechten Strich. Dabei sollten Sie bei der ersten Nennung nach Sprechsilben trennen.

Der Helikopter landete so, wie es sich für einen Helikopter gehörte: sehr exakt. Der älteste Sohn erbte zwanzig Hektar Land, die jüngste Tochter ein Hektar. Es ist schon interessant, zu beobachten, warum die einen bestimmte pädagogische Maßnahmen als sinnvoll ansehen und warum die anderen die gleichen Maßnahmen als wenig pädagogisch ablehnen. Armin hatte sich einen Pullover in England gekauft, Marianne trug lieber Pullover aus Italien. Hennings verbrachten ihre Ferien in einem noblen Hotel, Familie Maier dagegen verlebte ihren Urlaub in einer weniger noblen, dafür aber sehr gemütlichen Pension. Im Februar dieses Jahres waren die Temperaturen höher als im Februar des vorigen Jahres.

2 Trennen Sie nach Sprechsilben und – falls nicht identisch – nach der bisher gültigen Form.

Interesse, Quittung, einander, Chirurg, Nostalgie, Korrespondenz, Hydrant

neu	weiterhin gültig

3 Führen Sie die Trennung nach Sprechsilben durch. Bilden Sie aus den Beispielen sinnhafte Sätze. Bestimmen Sie die Wortbedeutung. Hinweis: Verwenden Sie zur Bedeutungsbestimmung ein Fremdwörterbuch.

Wort	**Bedeutung**	**Trennung**
Diagnose	*Erkennen einer Krankheit*	
synonym		
Nostalgie		
heteronom		
Pseudonym		
Misanthrop		

4 **Diktieren Sie einander die Sätze und trennen Sie die Fremdwörter und Sonderfälle vollständig nach Sprechsilben.**
Ermitteln Sie die Bedeutung der Fremdwörter und schreiben Sie die Sätze mit den deutschen Wortentsprechungen neu; vermeiden Sie Sinnänderungen.

Warum siegt Quantität oft über Qualität?
Die Kontrahenten reichten einander endlich die Hand.
Broker beobachten ständig die Aktienkurse.
Pullover können sehr modische Kleidungsstücke sein.
Prokuristen müssen sehr genau kalkulieren.
Es existiert ein Spannungsverhältnis zwischen Ökologie und Ökonomie.
Anarchie ist der Feind der Demokratie.
Expansion ist das Bestreben vieler Unternehmen.
Der Handel mit Immobilien ist derzeit das große Geschäft.

5 **Erstellen Sie einen aktuellenText – unter Verwendung der Wörter unten – zur Veröffentlichung in einer Zeitschrift.**

Texteingabe am PC: Erfassen Sie den von Ihnen erstellten Text fortlaufend ohne manuelle Trennung am Zeilenende und kopieren Sie ihn mehrmals.
Verändern Sie die Seitenränder, Schriftarten und -größen, um möglichst viele Worttrennungen am Zeilenende zu bekommen.

Zur Lage der Wirtschaft (z. B. Börsennachricht):
Ökonomie, hinauf, Aktien, darum, Spekulation, Lombard, qualitativ, aktiv (und/oder weitere Wörter)

Zu einem Musikereignis (z. B. Kritik zu einem Rockkonzert/einer Technoparty):
Phänomen, Akustik, hinunter, beobachten, Auditorium, Spektakel (und/oder weitere Wörter)

5 Zeichensetzung

5.1 Grundsätzliches

Satzzeichen haben den Sinn, Texte zu gliedern, sie übersichtlich zu gestalten und für den Leser überschaubar zu machen.

Das hast du aber gut gemacht dafür sollst du eine Belohnung erhalten du darfst dir aussuchen ob du Geld für einen Kinobesuch haben willst oder ob du lieber mit uns in den Zoo fahren willst aber das sind nur Vorschläge du kannst dir aussuchen was du willst aber bitte äußere keine unerfüllbaren Wünsche.

Satzzeichen zeigen zum einen an, wann ein Ganzsatz (vollständiger Satz) zu Ende ist, und zum anderen, wie ein Satz, der aus zwei oder mehreren neben- bzw. untergeordneten Teilsätzen besteht, in sich gegliedert ist.

Kennzeichen für den Satzschluss sind Punkt, Fragezeichen und Ausrufezeichen.
Zur Gliederung innerhalb von Sätzen dient vor allem das Komma.
Walter ging nach Hause.
Gehst du nach Hause, Walter?
Geh nach Hause, Walter!
Walter, der sich nicht wohlfühlte, ging nach Hause.
Walter ging nach Hause, weil er sich nicht wohlfühlte.
Walter, der sich nicht wohlfühlte, weil er unter einer Erkältung litt, die er sich im Auto, dessen Fenster geöffnet waren, zugezogen hatte, verließ das Fest, an dem er gerne weiter teilgenommen hätte, frühzeitig.

Auch wenn durch die Rechtschreibreform die Zeichen- und besonders die Kommasetzung vereinfacht worden ist, müssen dennoch verschiedene Regeln beachtet werden.

Zur Setzung von Punkt, Ausrufezeichen und Fragezeichen

Kein Punkt steht nach frei stehenden Zeilen, z. B. setzt man nach Überschriften ebenso wenig einen Punkt wie nach Anschriften, selbstständigen Datumszeilen, Grußformeln und Unterschriften etwa in Briefen.

Dollarkurs weiter schwankend
Ffm – Auch gestern wurde der Dollar an den Börsen in New York, Tokio und Frankfurt unterschiedlich bewertet. Beim Fixing in Frankfurt lag der amtliche Mittelkurs bei 0,747 EUR.

Hamburg, 2005-08-21	*Dagmar Hase*	*Mit freundlichen Grüßen*
	Hellenweg 21	*Ihr*
	34560 Fritzlar	*Hans Meier*

Stehen am Ende eines Satzes Abkürzungen, die mit einem Punkt abgeschlossen werden, dann folgt kein weiterer Punkt.
Er kaufte Disketten, Diskettenhüllen, Verpackungsmaterial usw. Der Zinssatz beträgt 8 % p. a.
Neu!
Nach der wörtlichen Rede steht immer ein Komma, wenn ein Begleitsatz folgt.
„Willst du nicht warten, bis sie zurückkommt?“, fragte Helgas Mutter. „Du bleibst hier!“, rief sie empört.

1 Lesen Sie den folgenden Text und setzen Sie die Satzschlusszeichen.

Werbung

Rund 70 % der Zeitungsumsätze erzielen Zeitungsverlage aus dem Anzeigengeschäft__ Ohne diese Einnahmen müssten Zeitungen ein Vielfaches der heute üblichen Verkaufspreise kosten__ Die Finanzierung über den

Anzeigenraum ist ein riskantes Geschäft, weil die Verlage konjunkturabhängig sind__ Die Kürzung von Werbeetats kann für Zeitungen existenzbedrohend sein__ Können Werbetreibende also auch die redaktionelle Gestaltung von Zeitungen beeinflussen__ Können sie sich angesichts ihrer Bedeutung für die Zeitungsverlage ein für sie günstiges Werbeumfeld schaffen__ Die Antwort lautet: ja und nein__ Da Anzeigen meist sehr breit gestreut sind, kann ein Einzelner Zeitungen kaum unter Druck setzen__ Andererseits können sich indirekte Abhängigkeiten von der Werbung einstellen__ Die Verlage können, um Anzeigenkunden zu gewinnen, redaktionell gestaltete Sonderseiten veröffentlichen, z. B. für Kino, Haus und Garten, Reise und Urlaub, rund ums Auto usw__ Für Anzeigenkunden sind solche Seiten besonders interessant__

2 **Entscheiden Sie, ob ein Satzschlusszeichen gesetzt werden muss.**

Auf der Feier waren anwesend: die Bundeskanzlerin, der Außenminister, mehrere Bundestagsabgeordnete u. a.__

In Geschäftsbriefen lautet nach DIN 5008 die korrekte Datumsangabe: JJJJ-MM-TT__

Dienstag, der 23. August 2005__

Heute ist Dienstag, der 23. August 2005__

2005-12-25__

Marburg, den 23. Juli 2005__

Mit herzlichen Grüßen__ deine Inge__

Mit freundlichem Gruß__ Ihr Hans Meier__

Anlagen__

Dieter Kühn__

Ich Wolkenstein__

Eine Biografie__

Neue, erweiterte Ausgabe__

Insel Verlag__

3 **Setzen Sie die Satzzeichen nach den Regeln.**

„Heute, meine sehr verehrten Damen und Herren, feiern wir den Geburtstag unseres Freundes Werner__"__ begann der Festredner. „Welche Ursache hat der Unfall gehabt__"__ fragte der Reporter. „Wer hat den Unfallhergang gesehen__"__ fragte der Polizist die Passanten. „Mit der Verschwendung muss Schluss sein__"__ forderte der Geschäftsführer. Heinrich fragte: „Wer hat eigentlich nächste Woche Dienst__" „Habt ihr Ina angerufen und gefragt, was sie macht__"__ fragte Henriette ihre Freundinnen. „Müßiggang ist aller Laster Anfang"__ so lautet eine viel zitierte Redewendung.

4 **Bringen Sie die folgenden Zeilen in die richtige Form.**

Hast du deine Aufgaben gemacht fragte der besorgte Vater seine Tochter Am Ende des Stadtfestes kehrten die Mitarbeiter der Stadtwerke zusammen: Dosen Flaschen Pappeimer usw Wer schrieb Wilhelm Tell fragte die Lehrerin Schiller rief Doris in die Klasse Der Westfälische Friede wurde 1648 in Münster und Osnabrück unterzeichnet antwortete Dany auf die Frage der Lehrerin Samstag feiern wir meinen Geburtstag meinen Führerschein usw sagte Niclas am Telefon seinen Freunden und Freundinnen

5 **Entwerfen Sie einen appellativen Text aus Ihrem Umfeld, in dem Sie Sätze mit Ausrufe- und Fragezeichen einsetzen. Beispiel:** ***Haben Sie Probleme mit zu hohen Heizkosten? Thermoplus beseitigt Ihre Probleme!***

5.2 Das Komma zwischen Hauptsätzen

Dass am Ende eines Satzes entweder ein Punkt, ein Fragezeichen oder ein Ausrufezeichen steht, macht kaum jemand falsch – wie aber steht es mit der Zeichensetzung innerhalb zweier miteinander verbundener Hauptsätze? Die Zeichensetzung vor *und* oder *oder* bereitete vielen Schreibenden Schwierigkeiten. Die Regel lautete: Folgte einem der beiden Wörter ein vollständiger Satz, dann musste ein Komma gesetzt werden.

Durch die Rechtschreibreform sind in diesen Fällen eindeutige und leicht anwendbare Regeln geschaffen worden.

Neu!

Sind gleichrangige Teilsätze durch *und* bzw. *oder* miteinander verbunden, dann setzt man kein Komma.
Beachten Sie:
Für *beziehungsweise, sowie* (= und), *wie* (= und), *entweder – oder, sowohl – als (auch)* und *weder – noch* gelten dieselben Regeln wie für *und/oder*.
Tante Lina las ein Buch und Onkel Kurt spielte gegen den Schach-Computer. Fast den ganzen April hat es geregnet und im Mai war das Wetter auch nicht viel besser. Wir gehen heute ins Kino oder wir gehen in der Stadt spazieren. Entweder wird Hans diesen Lauf gewinnen oder Egon geht als Erster durchs Ziel.

Das Regelwerk erlaubt aber, dass dann ein Komma gesetzt werden kann, wenn die Gliederung des Satzganzen deutlich gemacht werden soll.
Ich bin deinetwegen gekommen(,) und du bist absichtlich fortgegangen. Katrin malte das Meer(,) und ich ging schwimmen.

Ein Komma vor *und* usw. muss stehen, wenn ein Nebensatz, ein Zusatz, ein Nachtrag oder ein wörtlich wiedergegebener Satz vorangeht.
Stellen Sie die Unterlagen zusammen, die Sie gesammelt haben, und legen Sie sie auf meinen Tisch. Otto, mein ältester Freund, und seine Frau wohnen in Karlsruhe. Sie sagte: „Ich gehe jetzt nach Hause", und zog den Mantel an. Er sagte, dass er morgen wiederkomme, und er verabschiedete sich.

Vor entgegenstellenden Konjunktionen wie *aber, doch, jedoch, sondern* steht ein Komma.
Hanna wollte lieber zu Hause bleiben, aber Karl zog es zum Fest. Dieses physikalische Gesetz hat nicht Newton formuliert, sondern Einstein entdeckt. Dies ist eine schöne Geschichte, wahr ist sie jedoch nicht.

1 Entscheiden Sie, den Regeln entsprechend, über die Kommasetzung.

Hans und Inge kommen heute zu Besuch__ und bringen Oma mit. Hat Otto gelogen__ oder hat Inge die Unwahrheit gesagt? Kurt kurte in Süddeutschland__ und seine Frau besuchte ihn während dieser Zeit. Die vertraulichen Anredepronomen können in Briefen sowohl klein-__ als auch großgeschrieben werden. Inge sah sich das Fernsehspiel an__ Karl aber am anderen Fernseher die Bundesligaübertragung. Hans war über das Lob glücklich__ und er freute sich sehr. Michael__ der ein guter Freund Karins ist__ und Karins Bruder saßen zusammen beim Kaffee. Die deutsche Mannschaft war weder überlegen__ noch waren einzelne Spieler taktisch besonders geschickt. Nicht Inge hat das Spiel gewonnen__ sondern Marianne hat das große Los gezogen.

2 **Setzen Sie, wenn nötig, ein Komma und begründen Sie Ihre Entscheidung.**

Die Mutter las die Zeitung, der Vater sah die Sportschau__ und Inga hörte ihre neue CD. Klaus kann weder ein Instrument spielen__ noch kann er singen. Sie sprach nicht sehr laut__ aber sie sprach jedes Wort sehr deutlich aus. Klaus fuhr gerne Rad__ doch das Auto mochte er auch. Herr Müller wollte im Streit mit seiner Nachbarin Recht bekommen__ aber das Gericht urteilte zu ihren Gunsten. Er fand sich mit dem Urteil weder ab__ noch verstand er die Begründung des Gerichts__ aber er legte keine Berufung ein. Manfred, der ein glühender Verehrer der Beatles war__ und der alle ihre Platten besaß, kaufte auch die neue CD.

3 **Setzen Sie, wenn nötig, Kommas.**

„Peter__ schreibe den Brief sofort__ und bringe ihn zur Post. Beeile dich damit__ aber Inge soll ihn vorher noch durchlesen." Inge las den Brief__ doch Peter hörte nicht auf ihre Einwände__ und er lachte sie wegen ihrer Kritik aus. Er sagte schließlich: „Entweder lasse ich den Brief unverändert__ oder ich schicke ihn nicht weg." Dies wiederum missfiel Inge: „Wolltest du nun meine Meinung hören__ oder wolltest du mich nur beschäftigen?"

Klaus trug seine Meinung vor__ jedoch widersprach ihm Hans energisch__ doch Karin unterstützte mit vielen Beispielen Klaus__ aber Angela suchte wie immer einen Kompromiss. Es muss doch nicht immer der eine__ oder der andere Recht haben. Strittige Fragen, die alle betreffen, kann nicht der Einzelne entscheiden__ vielmehr sollten alle gemeinsam zu einem Ergebnis kommen.

4 **Schreiben Sie den Text ab und setzen Sie, wenn nötig, Kommas.**

Externer Nutzen – externe Kosten

Alle Welt spricht heute von Umweltschutz(,) und viele fordern zu diesem Zweck neue Gebote, Verbote und Steuern. Andere wollen keine neuen Vorschriften(,) vielmehr verlangen sie ökonomische Anreize für den schonenden Umgang mit der Umwelt. Bei ihren Überlegungen spielen Begriffe wie z. B. externe Effekte eine große Rolle(,) und diese Begriffe stehen im Mittelpunkt zu Überlegungen über eine neue Umweltpolitik. Externe Effekte sind Nutzungen ohne Zahlung(,) oder die Überwälzung der eigenen Kosten auf andere. Zwei Beispiele: Ein Fußballfan, der neben einem Fußballstadion wohnt(,) und jedes Fußballspiel verfolgen kann, bezahlt keinen Eintritt. Ein Unternehmen leitet nur schwach gereinigte Abwässer in die Kanalisation(,) aber es bezahlt nicht die dadurch verursachten Kosten. Wer hier externe Vor- und Nachteile hat, liegt auf der Hand: Der Fußballfan und das Unternehmen ziehen aus ihrer Situation externe Vorteile(,) aber dem Verein bzw. der Allgemeinheit entstehen externe Nachteile. Das Ziel der neuen Umweltpolitik heißt: Die externen Effekte müssen möglichst vermieden werden(,) und die Verursacher sollen z. B. zu diesem Zweck die Umweltkosten tragen. Natürlich kann dies auch mit Ge- und Verboten erreicht werden(,) aber die Überwachung kostet zusätzlich Geld(,) zudem haben die Verursacher so keinen Anreiz, von sich aus die Umweltbelastungen zu reduzieren.

5 **Ergänzen Sie die Sätze so, dass sich eine vollständige Geschichte ergibt.**
Verwenden Sie möglichst unterschiedliche Konjunktionen.

Hanna war zum Vorstellungsgespräch eingeladen … Sie war pünktlich erschienen … Sie wurde zunehmend nervös … Schließlich war es dann doch so weit … Das Gespräch verlief … Das Ausschlaggebende für ihre Einstellung war sowohl … Sie hatte sich gute Chancen ausgerechnet … Der Vertrag war im Großen und Ganzen abgesprochen … Nach dem Vorstellungsgespräch rief sie ihre Eltern an … Sie lud sie zum Essen ein … Entweder gehen wir zum Italiener … nach dem Essen machen wir uns …

5.3 Das Komma zwischen Wörtern und Satzteilen

Das Komma gliedert innerhalb von Sätzen nebeneinanderstehende Wörter und Wortgruppen nach ihrem Sinngehalt.
Ein stämmiger, verwahrlost aussehender Hund gab ein heiseres, gefährlich klingendes Knurren von sich.

Das Komma steht

- **zwischen Aufzählungen gleichrangiger (nebengeordneter) Wörter und Wortgruppen.**
  Frühling, Sommer, Herbst, Winter sind die vier Jahreszeiten.
  Völlig erschöpft, hungrig und frierend, vom Regen durchnässt kamen sie nach Hause.
  Das war eine schöne, preiswerte Fahrt. (*Schön* und *preiswert* sind gleichgeordnet; *und* kann an Stelle des Kommas gesetzt werden.)
- **zwischen mehrteiligen Wohnungs-, Datums- und Zeitangaben.**
  Heinrich Müller, Schlossplatz 7, 38300 Wolfenbüttel
  Dessau, den 20. August 2005, 20 Uhr

→ **aber:** Für numerische Datumsangaben nach DIN 5008 s. S. 20

- **zwischen mehrteiligen Angaben aus Büchern, Zeitschriften usw.**
  Dieses Zitat stammt aus Goethe, Faust, 2. Teil, 3. Akt.
- **zwischen Anrede und übrigem Satz.**
  Henriette, ich hoffe, es geht dir gut.
- **bei nachgestellten Appositionen, Erläuterungen, Adjektiven oder Partizipien. Sind sie eingeschoben, schließt man sie in paarige Kommas ein.**
  Theodor Heuss, der erste Bundespräsident der Bundesrepublik Deutschland, ist Namensgeber zahlreicher Schulen.
  Sie erwarteten viele Gäste, insbesondere aus dem Ausland.
  Sie fielen sich in die Arme, halb lachend, halb weinend.
- **vor entgegenstellenden Konjunktionen wie *aber, doch, jedoch*.**
  Sie war begabt, aber faul.
- **bei anreihenden Konjunktionen mit aufzählendem Charakter, z. B. *teils – teils, nicht nur – sondern auch*.**
  Er lebte teils in Florenz, teils in Halle. Sie hat nicht nur Bilder gemalt, sondern auch ein Buch geschrieben.

Ein Komma kann stehen

- **nach dem letzten Bestandteil von Wohnungs-, Datums- und Zeitangaben. Dies gilt auch für Angaben aus Büchern.**
  Heinrich Müller, Schlossplatz 7, 38300 Wolfenbüttel(,) wird nach Halberstadt ziehen.
  Der Unterricht beginnt am 14. November, 20 Uhr(,) in den Räumen der VHS.
- **wenn ein Name als Apposition nachgestellt ist.**
  Der erste Bundespräsident der Bundesrepublik Deutschland(,) Theodor Heuss(,) ist Namensgeber zahlreicher Schulen.
- **bei formelhaften, verkürzten Nebensätzen.**
  Wie bereits erwähnt(,) fand man bald die Ursache. Zahlen Sie(,) wenn nötig(,) ein kleines Trinkgeld.
- **bei kolumnenartigen Aufzählungen. Dann steht am Ende auch ein Punkt.**
  Auf der Tagesordnung stehen heute:
  – die neue Abwassergebührenordnung(,)
  – die Kindergartensatzung(,)
  – Personalfragen(.)

Kein Komma steht
- **am Schluss einer Aufzählung, wenn der Satz fortgesetzt wird.**
  Er zeichnete, schrieb, las den ganzen Tag.
- **bei Aufzählungen, die durch *und, oder, bzw., wie* (= und), *sowie* (= und), *entweder – oder, nicht – noch, weder – noch, sowohl – als auch* verbunden sind.**
  Sie fährt immer mit dem Auto oder dem Zug in Urlaub.
- **bei Vergleichen mit *als* oder *wie*, wenn sie Wörter oder Wortgruppen verbinden.**
  In diesem Jahr übersteigt die Zahl der sonnenarmen Tage die des Vorjahres um mehr als die Hälfte.
  Er kam auch heute wie in den vergangenen Tagen zu spät.
- **bei mehrgliedrigen Hinweisen auf Gesetze und Verordnungen.**
  In Art. 5 Abs. 1 GG ist die Meinungsfreiheit garantiert.
- **zwischen nicht gleichrangigen Adjektiven.**
  Heinrich Böll ist ein bekannter deutscher Schriftsteller.
  (*Bekannt* bezieht sich auf *deutscher Dichter,* ist mit *deutscher* also nicht gleichrangig.)

Unterscheiden Sie nach dem Sinn:
! *Neue, umweltfreundliche Verfahren werden jetzt angeboten.* (Neben bisherigen Verfahren gibt es jetzt neue, die umweltfreundlich sind.)
Neue umweltfreundliche Verfahren werden jetzt angeboten. (Es gibt neben alten umweltfreundlichen Verfahren jetzt neue.)

1 Setzen Sie, wenn nötig, Kommas.

Berufsstart

Imke war jung__ vielseitig__ begabt__ und begeisterungsfähig. Als ihr Frau Söhnke__ Inhaberin einer Werbeagentur__ einen kreativen__ zukunftsorientierten Job anbot, sagte Imke sofort zu. In der ersten Zeit entwarf sie Texte__ Ideen für Spots__ und Bilder. Schnell merkte sie, dass in diesem Beruf nicht nur schnelle Ideen gefragt waren__ sondern auch Ausdauer, um die Projekte marktreif zu gestalten. Mehr als die Realisierung einzelner Projekte__ lag ihr die Organisation. So ergab es sich fast von selbst, dass sie teils Werbekampagnen entwarf__ teils die Arbeit der Agentur organisierte.

2 Setzen Sie, wenn nötig, Kommas.

Er ruderte über ein sonnenbeschienenes__ glitzerndes Gewässer.

Sie trug einen breiten__ blumengeschmückten Hut.

Am liebsten tranken sie grünen__ chinesischen Tee.

In der Ferne sahen sie hohe__ bewaldete Berge.

Gestern war ein kühler__ regnerischer Tag.

3 Setzen Sie, wenn nötig, Kommas.

Hannover__ große Messestadt seit Jahren__ richtete im Jahr 2000 die Weltausstellung aus.

Der Lkw hatte wertvolle Last geladen__ vor allem Computerzubehör.

Der Werksleiter der Motorenfirma__ Hans Meister__ führte die Besucher durch die Werkshallen.

Hans Heller__ Mannheim__ und Elmar Neuner__ treffen im Wettkampf aufeinander.

Plötzlich__ mitten im Sommer__ brach ein verheerendes Gewitter los.

Während der Fete__ und zwar im größten Wirrwarr__ waren die drei Musiker verschwunden.

Braunschweig__ Stadt Heinrichs des Löwen__ richtete 1996 anlässlich seines Todes vor 800 Jahren eine große Ausstellung aus. Heinrich der Löwe__ aus dem Geschlecht der Welfen stammend__ bis 1180 Herzog von Sachsen und Bayern__ ist am 6. August 1195 in Braunschweig__ seiner Residenzstadt__ gestorben.

4 Setzen Sie, wenn nötig, Kommas.

Karla hatte ein besseres Zeugnis__ als ihr Bruder Ludwig.

Hans hatte viele Hobbys: Bald sammelte er Briefmarken__ bald ausländische Münzen.

Janette arbeitete teils in Hamburg__ teils in Berlin.

Heinrich ist so schnell gelaufen__ wie Andreas.

Sie ist nicht nur eine hervorragende Schülerin__ sondern auch eine ebenso gute Sportlerin.

Er hat in Paris weder den Invalidendom__ noch Sacré-Cœur besichtigt, dafür war er aber sowohl im Louvre__ als auch in Notre-Dame.

5 Setzen Sie, wenn nötig, Kommas.

Morgen ist Sonntag__ der 25. August.

Die Aufführung findet am Freitag__ den 7. Juli__ um 19 Uhr__ im Festspielhaus statt.

Die Festveranstaltung beginnt am Freitag__ den 30. September__ 15 Uhr__ und endet am Sonntag__ den 2. Oktober__ 22 Uhr__ mit einem Großfeuerwerk.

Nach § 102__ BetrVG__ ist der Betriebsrat vor jeder Kündigung anzuhören.

6 Entscheiden Sie, ob Kommas gesetzt werden müssen.

Neue Betriebsorganisation

Die Arbeitsdirektorin des Werkes__ Dr. Ina Müller__ erklärte auf der Betriebsversammlung den Mitarbeiterinnen und Mitarbeitern die neue, wie sie sagte, zukunftsorientierte Personalpolitik. Ihre__ beziehungsweise des Vorstands__ Absicht war es__ die Hierarchien abzuflachen. So sollten z.B. in der Verwaltung nicht mehr Schreibkräfte Briefe schreiben__ sondern Sachbearbeiterinnen und Sachbearbeiter__ und zwar mit Hilfe neuer Software__ von Briefpools und allen zugänglichen Datenbanken. Über ein mehrjähriges__ wissenschaftlich__ begleitetes Fortbildungsprogramm sollten sowohl Schreibkräfte__ als auch Sachbearbeiter umgeschult werden. Diese Pläne wurden teils zustimmend__ teils mit heftiger Kritik aufgenommen.

7 Schreiben Sie Sätze mit folgenden Wendungen:

dich__ lieber Onkel Klaus; __ der alten Römerstadt am Rhein__; finden Sie im Lexikon__ Band 10__ Seite__; aß gerne Fisch__ vor allem; je mehr er daran dachte__ desto; entweder hat Paul Recht__ oder; ... größer__ als; ... ebenso__ wie ...

5.4 Das Komma zwischen Haupt- und Nebensatz, bei Infinitiv- und Partizipgruppen

Die Kommaregelung bei Infinitiv- und Partizipgruppen war eines der schwierigsten Kapitel der Zeichensetzung. Die Reform bringt hier wesentliche Vereinfachungen.

Das Komma zwischen Haupt- und Nebensatz

Ein Komma steht
- **zwischen Haupt- und Nebensatz. Ist der Nebensatz eingeschlossen, so wird ein paariges Komma gesetzt.**
  Ich weiß, er ist schuldig.
  Dass er unschuldig ist, weiß ich.
  Ich verteidige ihn, weil/wenn/da er unschuldig ist.
  Er erschrak, sodass er zusammenfuhr.
  Er erschrak so, dass er zusammenfuhr.
  Die Straßen, die gestern völlig verstopft waren, sind heute wieder frei.
  Karl kam zu spät zur Schule, weil der Zug Verspätung hatte.
  Karl kam, weil der Zug Verspätung hatte, zu spät zur Schule.
- **zwischen Nebensätzen gleichen Grades.**
  Ich verteidige ihn, weil er unschuldig ist, weil ich ihm vertraue.
- **zwischen Nebensätzen unterschiedlichen Grades.**
  Er beobachtete die Kinder, die auf der Wiese hinter dem Haus einen Drachen steigen ließen, weil der Wind günstig stand.
- **bei Vergleichssätzen, die mit *als* oder *wie* eingeleitet sind.**
  Der Stau hatte sich schneller aufgelöst, als wir erwartet hatten.
  (**Aber:** *... schneller aufgelöst als erwartet.*)

Ein Komma kann gesetzt werden
- **bei formelhaften, verkürzten Nebensätzen.**
  Ich werde Ihnen(,) wenn nötig(,) noch einen ausführlichen Brief schreiben. Anbei sende ich Ihnen(,) wie besprochen(,) eine Kopie des Artikels.
- **bei engen Wortverbindungen mit einer Konjunktion, z. B. *angenommen(,) dass; abgesehen davon(,) dass; vor allem(,) wenn.***
  Dieser Tatbestand ist vertraglich festgelegt, abgesehen davon(,) dass auch die Gesetzeslage davon ausgeht.

Kein Komma steht,
- **wenn Nebensätze gleichen Grades durch *und, oder, beziehungsweise* verbunden sind.**
  Ich glaube, dass dies so zu verstehen ist und dass ihr eine falsche Lösung angegeben habt.
- **zwischen Fügungen wie *als dass; als ob; (an)statt dass; aber wenn; wie wenn.***
  Er verbrachte die Abende meist zu Hause, aber wenn sein Bruder ihn besuchte, gingen sie gemeinsam aus.
- **wenn Konjunktionen wie *und* oder *oder* Satzglieder oder Teile von Satzgliedern mit Nebensätzen verbinden.**
  Bei Softwarefehlern oder wenn die Festplatte defekt ist, sollte man den Händler um Rat fragen. Er hat diesen Vorfall und dass das hier geschehen konnte, sehr bedauert.

Infinitiv- und Partizipgruppen

Satzwertige Infinitivgruppen können immer durch Komma vom übrigen Satz abgegrenzt werden:
Wir nahmen uns vor(,) im Sommer zu zelten.
Du hast mir versprochen(,) das Computerprogramm zu installieren.

Ein Komma muss gesetzt werden, wenn die Infinitivgruppe durch *um, statt, anstatt, ohne, als* oder *außer* eingeleitet wird:
Die Kleine lief in den Garten, um zu spielen.
Wir sahen uns die Übertragung eines Fußballspiels an, anstatt uns auf die Prüfung vorzubereiten.
Ohne sich noch einmal umzudrehen und uns zuzuwinken, stieg sie ins Auto und fuhr davon.
Außer den Rasen zu mähen, hat Dirk alles erledigt.

Ein Komma muss auch gesetzt werden, wenn die Infinitivgruppe von einem Substantiv abhängt:
Ich hatte keine Lust, eine Strandwanderung zu machen.
Sie gab sich Mühe, deutlich und nicht zu schnell zu sprechen.
Freigestellt ist das Komma, wenn es sich um einen bloßen Infinitiv handelt:
Sie gab sich Mühe(,) aufzustehen.

Ein Komma muss außerdem gesetzt werden, wenn ein Wort wie *daran, darin, darauf* oder es auf die Infinitivgruppe hinweist:
Sie dachte nicht daran, so schnell aufzugeben.
Wir achteten darauf, die Ferienwohnung ordentlich zu verlassen.
Auch wenn auf die Infinitivgruppe zurückverwiesen wird, muss ein Komma gesetzt werden:
Ihren Plan aufzugeben, daran dachte sie nicht.
Tierärztin zu werden und auf dem Land zu leben, das war ihr Traum.
Freigestellt ist das Komma, wenn es sich um einen bloßen Infinitiv handelt:
Sie dachte nicht daran(,) aufzugeben.

! **Sie können Fehler vermeiden, wenn Sie das Komma bei allen satzwertigen Infinitivgruppen setzen. Es ist niemals falsch und stellt für die Lesenden eine Hilfe dar.**

Auch Partizipgruppen können immer durch Komma vom übrigen Satz abgegrenzt werden:
Lachend und gestikulierend(,) liefen die Jungen die Straße entlang.
Aus vollem Halse lachend(,) kam sie auf mich zu.

Wird die Partizipgruppe durch ein hinweisendes Wort angekündigt oder ist sie ein Nachtrag, so muss das Komma stehen:
So, mit Marmelade gefüllt, esse ich die Plätzchen am liebsten.
Mein Bruder stürmte ins Zimmer, mit einem Reiseführer bewaffnet.

Einige Wortgruppen lassen sich durch *seiend* oder *habend* ergänzen. Auch in diesem Fall kann bzw. muss ein Komma gesetzt werden:
Voller Tatendrang und neugierig (seiend)(,) drängte mein Bruder zum Aufbruch.
Er stürmte auf mich zu, außer sich vor Freude (seiend).
Ein Lächeln auf dem Gesicht (habend), so zeigte er uns seine Schätze.

1 Setzen Sie die notwendigen Kommas.

Sie hofften__ dass der Winter milde würde__ und dass sie nicht viel Öl brauchten.

Weil sie auf einen milden Winter hofften, kauften sie nur wenig Öl__ wurden aber in ihrer Hoffnung enttäuscht.

Wenn sich in den nächsten Tagen das Wetter nicht bessert__ dann wird es eine schlechte Saison__ weil die Gäste ausbleiben werden. Die Hotels und Ferienbetriebe__ die in der Erwartung__ dass viele Gäste kommen würden__ viel Kapital investiert hatten__ müssen dann einen Rückschlag in Kauf nehmen.

2 **Lesen Sie die folgende Passage und setzen Sie Kommas.**

Petra__ die eine Fachoberschule besuchte__ wollte während der Ferien als Praktikantin in einem Betrieb arbeiten__ weil sie nur vage Vorstellungen von der betrieblichen Praxis hatte. Sie rief bei mehreren Firmen in ihrer Heimatstadt an__ schilderte ihren Wunsch__ als Praktikantin sechs Wochen arbeiten zu wollen__ und wunderte sich__ dass sie sehr schnell Absagen bekam. Als sie sich umhörte__ wurde ihr schnell klar__ welche Fehler sie begangen hatte. Zum einen hatte sie viel zu allgemein gefragt__ sodass ihren Gesprächspartnern nicht klar wurde__ warum sie ihr Praktikum gerade in diesem Betrieb absolvieren wollte__ zum anderen erwarteten alle eine schriftliche Bewerbung. Also setzte sie sich hin__ verfasste ein Bewerbungsschreiben__ bei dem sie sich an Musterbriefen orientierte__ und einen Lebenslauf. In jedem der Schreiben begründete sie ausführlich__ warum sie gerade in dem angeschriebenen Unternehmen ihr Praktikum ableisten wollte__ weiterhin hob sie hervor__ welche Qualifikationen sie in diesem Bereich erworben hatte. Sie war erstaunt__ welche Erfolge sie mit dieser Taktik hatte__ denn sie bekam mehrere Einladungen zu einem Vorstellungsgespräch.

3 **Unterstreichen Sie die Infinitivgruppen und rahmen Sie die Einleitewörter bzw. die hinweisenden Wörter ein. Setzen Sie die fehlenden Kommas.**

Mein Bruder besuchte mich um mir beim Einrichten meiner kleinen Wohnung zu helfen. Anstatt sich zu entschuldigen verschwand sie sofort in ihrem Zimmer. Es gibt nichts Schöneres als einen guten Freund zu haben. Ohne zu überlegen ob mir der Termin passt habe ich gleich zugesagt. Jana blieb nichts weiter übrig als gute Miene zum bösen Spiel zu machen. Sie hielt ihren Vortrag frei ohne auch nur einen einzigen Blick auf ihre Aufzeichnungen zu werfen. Außer den Geschirrspüler auszuräumen hat sie weiter nichts zu tun. Wir kommen um zuzusehen wie ihr spielt. Daniels Aufgabe ist es den Rasen zu mähen. Erinnere mich bitte daran Briefmarken zu kaufen! Daran das Buch zu verleihen dachte Patrick nicht. In der Buchhandlung stöbern zu können das gefiel Daniel. Ihr Wunsch ist es Kinderärztin zu werden. Bei der Prüfung gut abzuschneiden das ist unser Ziel.

4 **Setzen Sie die fehlenden Kommas. In 3 Sätzen müssen Sie eins setzen, in den anderen ist die Kommasetzung freigestellt.**

Vor Zorn bebend machte Anna ihrem Ärger Luft. Jonas eilte nach Hause von Zweifeln getrieben. Den Rucksack auf dem Rücken machte sich mein Bruder auf den Weg. In Schweiß gebadet so verließ der Stürmer den Platz. Ina lag auf der Couch in eine warme Decke gehüllt und hörte sich ihre neue CD an. Noch nicht wieder richtig auf den Beinen wollte sich meine Mutter gleich an die Gartenarbeit wagen. Meine Schwester kam auf mich zu ein Liedchen auf den Lippen.

Vermischte Übungen

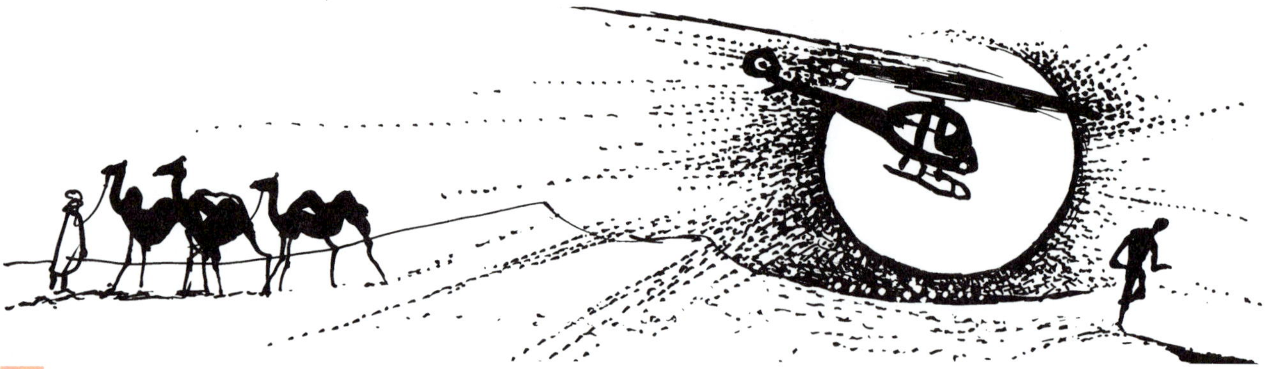

1 Schreiben Sie in der richtigen Form.

Iron-Man

„Man darf im Grunde seiner Frau solche Sorgen nicht zumuten“, gibt der 40-jährige Klaus M. zu. Er ist von (b/B)___erufs wegen als Angestellter eines Dienstleistungsunternehmens viel unterwegs. Seine Frau nimmt schon seit über 20 Jahren (A/a)___nteil an dem Extremhobby. Sie muss sich im Grunde jedes Mal wieder fragen, was ihn dazu bringt, statt wie jeder normale Mensch (R/r)___ad zu fahren oder mit dem Auto einen Ausflug ins Grüne zu unternehmen, die Quälerei des Triathlons auf sich zu nehmen.

Der „Iron-Man“ Klaus M. schwamm schon im Alter von 13 Jahren jeden Tag seine fünf Kilometer am Ufer der Ostsee entlang, um anschließend die Strecke am Strand zurückzujoggen. Er musste wegen seines zeitintensiven Hobbys anfangs Schwierigkeiten in der Schule in (K/k)___auf nehmen, doch dafür arbeitete er sich zielstrebig zum Extremsportler hoch: Vom einfachen Triathlon bis zum 30-Stunden-Schwimmen – keine sportliche Herausforderung machte Klaus M. (A/a)___ngst. Als End-Dreißiger nahm er schließlich am Zehnfach-Triathlon in Mexiko teil, d. h. 38 Kilometer Schwimmen, 1800 Kilometer Radrennen und 422 Kilometer Laufen. Hier traf er auch einen Sportsfreund, der ihm das berühmt-berüchtigte „Marathon des Sables“ (Marathon der Sände) in der Sahara empfahl. Dort würde Klaus M. in Hinsicht auf seine extremen Bedürfnisse ein maßgeschneidertes Rennen haben: Sandkörner, die im Sturm wie Nadeln die Haut stechen, nur etwa alle acht bis zehn Kilometer etwas zu trinken, Sand, in dem man bei jedem Schritt bis zu den Knöcheln einsackt, und schließlich 50° C von morgens früh bis abends spät. Klaus sei selber (S/s)___chuld, wenn er nicht teilnehme. Der Frau des Iron-Mans aus Bremerhaven wurde (A/a)___ngst und (B/b)___ange, als sie die Vorbereitungen ihres Mannes sah: In die sechs Kilo leichte Notausrüstung kamen ein Schlangenbiss-Set mit Messer, Giftabsaugpumpe, Taschenlampe, Papier-Schlafsack und Salztabletten für einen pulverähnlichen Survivallunch – er bestand aus einer getrockneten Masse Kartoffeln, Fleisch und Tomaten, die angerührt einen kräftigenden Brei ergaben. Der Freund aus Mexiko sollte (R/r)___echt behalten: Die Hitze, der Durst und der Sand machten Klaus M. zu schaffen, er geriet tatsächlich an den Rand der Erschöpfung; nur gut, dass ein Hubschrauber die Teilnehmer dieser Irrsinnstour ständig begleitete, der zur Not Hilfe geleistet hätte. Aber Klaus M. hielt sich an sein Motto: „Durchhalten um jeden Preis.“ Nach Überqueren der Zielgeraden als 46ster von 197 Teilnehmern gönnte sich der Iron-Man erst einmal ein kühles Bier. Auch daheim musste er nicht (D/d)___iät leben. Die Sahara-Tour hatte ihn um sieben Kilo leichter gemacht. Also aß er nach eigener Aussage „den Kühlschrank rauf und runter!“ Seine Frau musste keine (A/a)___ngst haben, dass ihr Mann übergewichtig werden würde. Schon drei Tage nach seiner Rückkehr joggte Klaus M. seine Tour von 15 Kilometern am Ostseestrand – nur ein bisschen ruhiger als in der Sahara.

2 **Setzen Sie die richtige Schreibung ein.**

Sturm im Pazifik

Als wir endlich nach zahlreichen Schwierigkeiten den (s/S)___tillen Ozean erreichten, erinnerte ich mich an meine Fantasiebilder über die (w/W)___eite des Meeres: Ich stellte es mir als eine unabsehbare glatte Wüste vor. Ich dachte, wir würden durch glasklares, blaues Wasser segeln, gelegentlich in die Nähe von kleinen, verlassenen und menschenleeren Inseln kommen und dort im (f/F)___lachen ankern und dann das (u/U)___nendliche auf uns wirken lassen. Aber die Realität sah anders aus: Kaum hatten wir die erste Etappe unserer Weltreise hinter uns gelassen, mussten wir feststellen, dass Seetang, dicke Quallen und bräunliche Ölklumpen die See in einen dunklen Teppich verwandelt hatten. Gelegentlich trieben auf der glatten Oberfläche des Meeres rostige Ölkanister als traurige Boten der Zivilisation vorbei. Immer wieder mussten wir vom Kurs abweichen, da auch größere Gegenstände im Wasser schwammen, die unser Boot beim Rammen beschädigt hätten. Am Mittag – wir befanden uns in der Nähe des berühmt-berüchtigten Äquators – zeigte unser Thermometer fast 35 °C im Schatten. Auch nachmittags gaukelte uns die unerträglich heiße Luft vor, dass alles (f/F)___erne zum (g/G)___reifen nah sei.

Unsere durstigen Kehlen brannten wie Feuer, aber wir mussten mit unseren Vorräten sparsam umgehen, sodass wir uns nicht trauten, zu etwas (e/E)___rfrischendem zu greifen. Doch plötzlich, wie so häufig in Reiseerzählungen beschrieben, geschah das (f/F)___olgende: Alles (f/F)___limmernde, alles (g/G)___litzernde des Meeres wirkte auf einmal stumpf. Die auftretende Brise steigerte sich zum Sturm. Das glänzende (b/B)___lau des Himmels war einem schmutzigen (g/G)___rau gewichen und binnen (k/K)___urzem war die Sicht durch die schäumende Gischt behindert. Wir fuhren 10 Knoten und flogen beinahe über die (w/W)___ilde See. Hinzu kam noch, dass uns durch die überkommenden Brecher kaum Zeit zum (a/A)___tmen blieb. Das Schiff stampfte und neigte sich stark zur Seite. Nichts (g/G)___rauenvolleres und kaum etwas (s/S)___chrecklicheres konnten wir uns vorstellen, als allein in der grausam-gleichgültigen Ödnis zu kentern. Da würden uns auch nicht die gelben Schwimmwesten helfen können ... Wir drehten das Boot in den Wind und hofften darauf, dass der Sturm so schnell vorüberginge, wie er gekommen war. Benommen versuchten wir in der tosenden Hektik eine Mütze Schlaf zu bekommen. Am nächsten Morgen weckte das strahlende (r/R)___ot der Morgensonne unsere Lebensgeister, sodass wir mit schmerzenden Gliedern, aber dennoch guter Dinge unsere Reise fortsetzten.

3 **Im folgenden Gedicht fehlt 4-mal das Wort „böse“. Prüfen Sie jedes Mal, ob es substantiviert ist oder nicht, und setzen Sie es in der richtigen Schreibweise ein.**

Erich Mühsam
Die Ahnung

Ich trank meinen Morgenkaffee und ahnte nichts __________.

Es klingelte. Ich ahnte noch immer nichts __________.

Der Briefträger brachte mir ein Schreiben. Nichts __________ ahnend, öffnete ich es.

Es stand nichts __________ drin.

Ha!, rief ich aus. Meine Ahnung hat mich nicht getrogen.

4 **Im folgenden Text sind außer der Überschrift nur die Satzanfänge großgeschrieben. Prüfen Sie, welche Wörter großgeschrieben werden müssen.**

Auf Biegen und Brechen

Schön, wie sie alle gut verschweißt im küchenregal stehen: feine möhrchen, junge erbsen, geschälte tomaten, goldgelber mais und vielleicht sogar ein pichelsteiner eintopf oder die eine oder andere kohlroulade. Und wie praktisch, dass ein griff in die schublade reicht, und im handumdrehen ist die dose auf, die currywurst im kochtopf oder allerlei leckeres für unsere vierbeinigen mitbewohner im fressnapf; fast food für zu hause eben. Vor knapp 200 jahren ging das allerdings wesentlich langsamer: Wer eine dose öffnen wollte, griff nicht in die küchenschublade, sondern in die werkzeugkiste. Denn merkwürdigerweise begnügte sich peter durand, als er 1810 die konservendose erfand, mit der überlegung, wie etwas in die dose hineinkommen und auch möglichst lange dort bleiben könnte, ohne zu verderben. Fürs herausholen fühlte er sich nicht mehr zuständig, das überließ er der fantasie und dem handwerklichen geschick der hungrigen. Und so half nur ein hauen und stechen, hämmern und meißeln, um die dose – die damals noch wesentlich dickere wände hatte als heute – wieder aufzubekommen. Etwas richtig praktisches wurde die konservendose erst 1858 – mit der erfindung des dosenöffners.

5 **Finden Sie zu den unten aufgelisteten Wendungen passende Ausdrücke aus dem anschließenden Bericht.**
gut informiert sein: auf dem Laufenden sein

Wo liegt Avalon?

Die Quellenlage ist wahrlich nicht überzeugend: Im 6. Jahrhundert nach Chr. hielt uns das britische Boulevardblatt „Daily Mirror“ noch nicht mit Schlagzeilen wie „Artus siegt bei Mount Badon“ über das Kampfgeschehen *auf dem Laufenden.* Weder N-TV noch Sky-News schalteten live zu den umkämpften Burgen und Schlössern und spekulierten über die Frage, ob der Sohn von König Artus seinen Vater nur stürzen oder auch ermorden will. Die Informationen über die „dark ages“, das „dunkle Zeitalter Englands“, kennen wir im wahrsten Sinne des Wortes nur vom Hörensagen, die Quellenlage liegt *im Argen.*

Daran ändern auch Bücher wie „Nebel von Avalon“ der bekannten Autorin Marion Zimmer-Bradley nichts, die ebenfalls nur sehr notdürftig verschleiern kann, dass wir sowohl über die Lage des Sitzes der Tafelrunde des König Artus – Camelot – als auch über seine letzte Ruhestätte – Avalon – *im Dunkeln tappen.*

Liegt Camelot nun in Schottland oder doch – wie *im Allgemeinen* vermutet wird – im tiefen Süden Englands? *Des Weiteren* muss festgehalten werden, dass man über Avalon, Gegenstand unzähliger Legenden, historisch *wenig Verlässliches* weiß.

Aber *im Stillen* geben es auch die Forscher zu: Angesichts der jahrhundertealten Sage um König Artus, die um so zeitlose Probleme wie Liebe und Eifersucht, Sexualität und Tod, christliche Religion und heidnische Kulte, Krieg und Frieden, Sieg und Niederlage kreist, spielt es keine Rolle, wo sich exakt die Schauplätze befanden.

Tausende Leser glauben mit Recht, dass die Story, auch wenn sie nicht stimmt, doch gut erfunden ist, sodass sich Unzählige vor dem Grau des Alltags in die Zauberwelt der Artus-Sage flüchten.

schlecht informiert sein: ______________________

schlecht um etwas stehen: ______________________

darüber hinaus, zusätzlich: ______________________

heimlich, versteckt: ______________________

ungenau, nicht exakt: ______________________

üblicherweise, weit verbreitet: ______________________

6 Suchen Sie aus diesem gekürzten Text von Franz Kafka alle Wörter heraus, die großgeschrieben werden müssen. An welchen Merkmalen können Sie die Substantive erkennen? Nennen Sie drei.

Wenn irgendeine hinfällige, lungensüchtige kunstreiterin in der manege auf schwankendem pferd vor einem unermüdlichen publikum vom peitschenschwingenden erbarmungslosen chef monatelang ohne unterbrechung im kreise rundum getrieben würde, auf dem pferde schwirrend, küsse werfend, in der taille sich wiegend, und wenn dieses spiel unter dem nicht aussetzenden brausen des orchesters und der ventilatoren in die immerfort weiter sich öffnende graue zukunft sich fortsetzte, begleitet vom vergehenden und neu anschwellenden beifallsklatschen der hände, die eigentlich dampfhämmer sind – vielleicht eilte dann ein junger galeriebesucher die lange treppe durch alle ränge hinab, stürzte in die manege, riefe das: Halt! durch die fanfaren des immer sich anpassenden orchesters. [...]
Da es aber nicht so ist; eine schöne dame, weiß und rot, hereinfliegt, zwischen den vorhängen, welche die stolzen livrierten vor ihr öffnen; der direktor, hingebungsvoll ihre augen suchend, in tierhaltung ihr entgegenatmet; vorsorglich sie auf den apfelschimmel hebt, als wäre sie seine alles geliebte enkelin, die sich auf gefährliche fahrt begibt; neben dem pferde mit offenem munde einherläuft; die sprünge der reiterin scharfen blickes verfolgt; ihre kunstfertigkeit kaum begreifen kann; mit englischen ausrufen zu warnen versucht; die reifen haltenden reitknechte wütend zu peinlichster achtsamkeit ermahnt; vor dem großen salto mortale das orchester mit aufgehobenen händen beschwört, es möge schweigen; schließlich die kleine vom zitternden pferd hebt, auf beide backen küsst und keine huldigung des publikums für genügend erachtet; während sie selbst, von ihm gestützt, hoch auf den fußspitzen, vom staub umweht, mit ausgebreiteten armen, zurückgelehntem köpfchen, ihr glück mit dem ganzen zirkus teilen will – da dies so ist, legt der galeriebesucher das gesicht auf die brüstung und, im schlussmarsch wie in einen schweren traum versinkend, weint er, ohne es zu wissen.

7 Prüfen Sie, welche Wörter Substantive oder Substantivierungen sind, bevor Sie den Text abschreiben, und ergänzen Sie die Lücken.

Hollywood am samstagabend
Die qual der wahl kann einen geplanten kinoabend mit freunden schon vor beginn der vorstellung ...: die kinocenter werben mit filmen für jeden geschmack. Da ist es nicht leicht, einen kompromiss .... Da gibt es diejenigen, die ganz offen für einen romantischen film stimmen, in dessen schlussszene zwei liebende sich à la casablanca herzzerreißend ...; doch gar nicht selten bringt eine solche kinoschnulze überraschendes ...: eine verstohlene träne auch im augenwinkel derjenigen, die nicht ohne murren ... der anderen auf den science-fiction-film verzichtet hatten. Stellt sich das wahre kinoerlebnis bei vielen eigentlich doch erst dann ein, wenn die technischen tricks auf der leinwand ... sind, sie als „Passagier" einer ausgetüftelten raumkapsel in fremde galaxien mitzunehmen. Auf den fernen planeten geht es letztlich um wenig mehr als um ein mörderisches gerangel zwischen irdischen und außerirdischen, bei dem sich die gegner entweder ihre wahrhaft übernatürlichen kräfte ... machen oder aber per knopfdruck einen super-computer ... ziehen. Manche kinogänger pflegen solche filme wegen ihrer kümmerlichen handlung .... Dabei lassen auch sie sich – obwohl sie im alltag keiner fliege etwas ... können – durch die technisch eindrucksvollen szenen in bann ziehen.
Man muss sich ja nicht immer einig sein, aber der kinofilm am samstagabend ist nun wirklich kein grund, einsam und allein vor dem fernseher zu enden. Natürlich ist kompromissbereitschaft vonnöten: Gibt es diese woche „herzschmerz", dann stehen die chancen für „star wars" in der nächsten woche ziemlich gut.

8 Der Schreiber des folgenden Briefes hat sich nicht für Groß- und Kleinschreibung entscheiden können. Schreiben Sie den Brief richtig.

> SEHR GEEHRTE DAMEN UND HERREN,
>
> VOR WENIGEN TAGEN HABE ICH BEI IHNEN EIN PAAR HUNDERT LUFTBALLONS FÜR EIN KINDERFEST BESTELLT. ALS ICH HEUTE IHR PAKET ÖFFNETE, FAND ICH STATT DER LUFTBALLONS HUNDERTE VON WUNDERTÜTEN, MIT DENEN ICH IN DIESER MENGE NICHTS ANFANGEN KANN. WENN ICH AUCH ANFANGS ÜBER IHREN FEHLER VERÄRGERT WAR UND DIE SENDUNG AUF GRUND IHRES VERPACKUNGSFEHLERS ZURÜCKSENDEN WOLLTE, MÖCHTE ICH JETZT DOCH EINEN TEIL BEHALTEN UND EINEN ANDEREN TEIL ZURÜCKSCHICKEN, LAUT IHREN LIEFERBEDINGUNGEN SELBSTVERSTÄNDLICH KOSTENFREI. BITTE SENDEN SIE MIR UMGEHEND DIE BESTELLTEN LUFTBALLONS. ICH HOFFE, DASS SIE TROTZ DER KOMMENDEN FEIERTAGE PÜNKTLICH LIEFERN KÖNNEN.
>
> MIT FREUNDLICHEN GRÜßEN

9 Im folgenden Gedicht sind bisher nur die Überschrift und die Versanfänge großgeschrieben. Schreiben Sie es nach der amtlichen Orthografie.

Frank Wedekind
Der Gefangene

Oftmals hab ich nachts im bette
Schon gegrübelt hin und her,
Was es denn geschadet hätte,
Wenn mein ich ein andrer wär.

Höhnisch raunten meine zweifel
Mir die tolle antwort zu:
Nichts geschadet, dummer teufel,
Denn der andre wärest du!

Hilflos wälzt' ich mich im bette
Und entrang mir dies gedicht,
Rasselnd mit der sklavenkette,
Die kein denker je zerbricht.

10 Sicher ist es Ihnen nach all den Übungen ein Leichtes, die fehlenden Kommas zu setzen.

Unsere Voreltern

Jeder Mensch hat 2 Eltern 4 Großeltern 8 Urgroßeltern 16 Ururgroßeltern 32 Voreltern in der fünften 64 in der sechsten 128 in der siebenten 256 in der achten 512 in der neunten 1024 in der zehnten Generation. In der sechzehnten Generation hat jeder 65 536 Voreltern. Diese sechzehn Generationen nehmen einen Zeitraum von 500 Jahren ein. Unter den 65 536 Voreltern die jeder der jetzt lebenden Menschen im 16. Jahrhundert hatte befinden sich gewiss Personen aller Stände und Klassen Arme und Reiche Freiherren und Tagelöhner Gebildete und Ungebildete. Es kennt natürlich kein Mensch auch wenn der Stammbaum noch so sorgfältig in der Familie aufbewahrt wurde alle seine Vorfahren. Es ist also kein Grund vorhanden einen Unterschied zwischen den Menschen zu machen indem man sich auf ihre Herkunft bezieht. Eines jeden Wert sollte man lediglich nach dem bemessen was er selbst ist und leistet.

11 **Johann Peter Hebel hat seine Anekdote nicht ohne Kommas geschrieben, sie wurden beim Druck aber weggelassen. Setzen Sie sie ein.**

Johann Peter Hebel
Schlechter Lohn

Als im letzten Krieg der Franzos nach Berlin kam in die Residenzstadt des Königs von Preußen da wurde unter anderem viel königliches Eigentum weggenommen und fortgeführt oder verkauft. Denn der Krieg bringt nichts er holt. Was noch so gut verborgen war wurde entdeckt und manches davon zur Beute gemacht doch nicht alles. Ein großer Vorrat von königlichem Bauholz blieb lange unverraten und unversehrt. Doch kam zuletzt noch ein Spitzbube von des Königs eigenen Untertanen dachte: „Da ist ein gutes Trinkgeld zu verdienen" und zeigt dem französischen Kommandanten mit schmunzliger Miene und spitzbübischen Augen an was für ein schönes Quantum von eichenen und tannenen Baumstämmen noch da und da beisammenliege woraus manch Tausend Gulden zu lösen wäre. Aber der brave Kommandant gab schlechten Dank für die Verräterei und sagte: „Lasst Ihr die schönen Baumstämme nur liegen wo sie sind. Man muss dem Feind nicht sein Notwendigstes nehmen. Denn wenn Euer König wieder ins Land kommt so braucht er Holz zu neuen Galgen für so ehrliche Untertanen wie Ihr einer seid."

Das muss der Rheinländische Hausfreund[1] loben und wollte gern aus seinem eigenen Wald ein paar Stämmlein auch hergeben wenn's fehlen sollte.

1 *Titel des Jahreskalenders, den Hebel herausgab*

12 **So unglaublich, wie die folgende Geschichte ist, sind auch Groß- und Kleinschreibung sowie die Zeichensetzung. Schreiben Sie den Text in korrigierter Form.**

Schwyzer vergräbt nach fahrerflucht seinen manta

Schwyz 19. April (ap). Die geschichte klingt wie einer der zahllosen manta-witze hat sich aber nach einem bericht der schweizer polizei tatsächlich zugetragen: ein schwyzer autofahrer vergrub seinen opel manta auf einer wiese, um damit die spuren seiner fahrerflucht zu beseitigen.
Die geschichte fing mit einer alltäglichen meldung an wie die polizei der kantonshauptstadt schwyz am freitag berichtete. Auf einem abgelegenen parkplatz war in einer märznacht ein auto stark beschädigt worden. Der schuldige war geflüchtet. Beamte kamen bald einem verdächtigen auf die spur. Zur rede gestellt wollte dieser allerdings vom tatbestand des „nichtgenügens der meldepflicht" nichts wissen. Er wisse auch nicht wo sich sein auto befinde und deshalb könne er es auch nicht vorzeigen. Nach einiger zeit löste sich das rätsel: der verdächtige hatte das „corpus delicti" beseitigen wollen und seinen manta wenige meter von seinem wohnhaus entfernt vergraben.

Thematisches Wörterverzeichnis

Sprachbezeichnungen

Er spricht ***deutsch*** *mit dem Austauschschüler.* (**Wie?** – in deutscher Sprache.)
Er unterrichtet ***deutsch.*** (**Wie?** – in deutscher Sprache.)
Er unterrichtet ***Deutsch.*** (**Was?** – das Fach Deutsch.)
Sie spricht ***Deutsch*** *als Muttersprache.* (**Was?** – die deutsche Sprache.)
Sie spricht ein verständliches ***Deutsch****, bewegt sich sicher im* ***Deutschen****.*
Sie übersetzt den Text aus dem ***Englischen*** *ins* ***Deutsche****.*

Farbbezeichnungen

Neu!

Farbbezeichnungen in Verbindung mit einer Präposition werden immer großgeschrieben.
Bei Rot über die Straße gehen. Er ist in Grün (in Gelbgrün) gekleidet.

wieder oder *wider*?

wieder (im Sinne einer Wiederholung)
hin und wieder (manchmal, des Öfteren)
Wiederkehr, wiederholen, wiederum, wiederholt, er ruft wieder (erneut), *sie setzt sich wieder*

wider (im Sinne von *gegen*)
hin und wider (zurück; Stimmen klangen hin und wider), *das Für und Wider, widrig, Widerrede, Widerstand, er widerruft* (nimmt vorher Gesagtes zurück), *sie widersetzt sich, widersinnig, widerspenstig, Widersacher, Widerschein, Widerwille, widerrechtlich, widerstehen, Widerhaken, widerlich, widerspiegeln, widerstreben, widerfahren, widersprechen, widerwärtig, widerwillig, erwidern, anwidern*

tod- oder *tot-*?

Mit dem Substantiv ***Tod*** gebildete Wörter:
Todfeind (Feind bis zum Tode), *todkrank* (zu Tode krank), *Todsünde, todbringend, todelend, todernst, todmüde, todsicher, todunglücklich, tödlich, todbleich, todblass, tödliche Stille*

Mit dem Adjektiv ***tot*** gebildete Wörter:
totschießen (so schießen, dass jemand tot ist), *sich totärgern, sich totlachen, sich totarbeiten, totfahren, totgeglaubt, totschlagen, Totschlag, totschweigen, sich tot stellen, totenstill, totenbleich, totenblass, Totenblässe*

-ant, -ent oder *-and*?

Handelt es sich um Personen (o. Ä.), die etwas tun, lauten die Nachsilben *-ant* oder *-ent*.
Wird mit diesen Personen etwas getan, lautet die Nachsilbe *-and*.

-ant, -ent: *Fabrikant, Emigrant, Lieferant, Musikant, Praktikant, Dirigent, Konsument, Agent, Student, Absolvent, Patient, Referent*

-and: *Konfirmand, Doktorand, Summand, Diplomand*

Zeitangaben

Tages- und Wochenzeiten

Er kommt Sonntag, an einem Sonntag, des Sonntags, an einem Werktag, des Morgens, des Mittags, des Abends, gegen Morgen, am Morgen, von Tag zu Tag, Tag für Tag, alle Tage, bei Tag und Nacht, eines Tages, vor Tage, vor Tags, des Nachts, bei Tage. Sie kam Montagabend, gestern Mittag, gestern Vormittag, gestern Abend, eines Abends, am Abend, heute Morgen, morgen Abend, gestern Morgen. Er bleibt den Morgen über, isst zu Mittag.

Sie kommt sonntags, werktags, alltags, morgens, mittags, dienstags nachts, spätabends, abends spät, frühmorgens, morgen früh/Früh, montagabends, montags abends, von morgen früh/Früh an, tagtäglich, tagsüber, tagelang. Er kam tags darauf, tags zuvor, untertags. zutage/zu Tage treten

Uhrzeiten

Es ist acht, es schlägt acht, um acht, halb acht, gegen acht, um viertel acht, um drei viertel acht, Viertel vor acht, ich ging um (ein) Viertel nach acht.

(Substantivierte) Adjektive und andere Wortarten in Redewendungen

kein Aber, mit Ach und Krach, am Alten hängen, alles beim Alten lassen, er bleibt stets der Alte,
jemandem Angst und Bange machen, im Argen liegen,
jemanden eines Besseren belehren, sich eines Besseren besinnen, ins Blaue reden,
das ganze Drum und Dran, auf Du und Du, das Du anbieten, im Dunkeln tappen, ins Dunkle schießen und ins Schwarze treffen,
es ist das Einfachste,
dieses Für und Wider,
Gleich und Gleich (gesellt sich gern), auf das Gleiche hinauskommen, Gleiches mit Gleichem vergelten, ein Gleiches tun, aus dem Groben arbeiten, im Großen und Ganzen, ins Grüne fahren, im Guten (Bösen) auseinandergehen, im Guten wie im Bösen, im Guten sagen,
ein langes Hin und Her,
dein Ja,
ins Klare kommen, einen Kleinen sitzen haben, den Kürzeren ziehen,
des Langen und Breiten, auf dem Laufenden bleiben, es ist (mir) ein Leichtes,
Mein und Dein nicht unterscheiden können, der Streit über Mein und Dein,
vor dem Nichts stehen,
ins Reine bringen, ins Reine schreiben, mit sich im Reinen sein, das einzig Richtige tun, es wird das Richtigste sein, aus dem Rohen arbeiten, im Rohen fertig sein,
aus Schwarz Weiß machen,
bis ins Unendliche steigern, ins Ungeheure steigern, im Ungewissen sein, ins Ungewisse steigern, im Ungewissen bleiben (lassen, sein), jemanden über seine Absicht im Ungewissen (im Unklaren, im Dunkeln) lassen,
aus dem Vollen schöpfen, ins Volle greifen,
ohne Wenn und Aber, ans Wunderbare grenzen; ich hätte Wunder was getan, wenn …

Paarformeln

Neu!

Großschreibung
Nicht deklinierte Adjektive in Paarformeln zur Bezeichnung von Personen:
Arm und Reich, Hoch und Nieder (Niedrig), Gleich und Gleich, Groß und Klein, Jung und Alt

Kleinschreibung
Präposition + Adjektiv in Paarformeln ohne vorangehenden Artikel und ohne Bezeichnung von Personen:
durch dick und dünn, über kurz oder lang, von nah und fern, schwarz auf weiß

beste, einzelne, einzig, erste, letzte, nächste, nämliche

Neu!

beste: *der (die, das) Beste, die Besten, die Allerbesten, es ist das Beste/Allerbeste, was/wenn/dass ..., auf das (aufs) Beste angewiesen, der erste Beste, zum Besten geben, jemanden zum Besten halten*
Aber: *Am besten ist es, wenn ..., am allerbesten ist es, wenn ..., aufs beste* (auch: *aufs Beste*) *kooperieren*
einzelne: *der (die, das) Einzelne, als Einzelner, jeder Einzelne, bis ins Einzelne, im Einzelnen*
einzig: *der (die, das) Einzige, als Einziges, etwas Einzigartiges*
erste: *der (die, das) Erste, die Ersten werden die Letzten sein, die Allerersten, am Ersten eines Monats, fürs Erste, als Erster, als Erstes*
In Eigennamen: *Erstes Deutsches Fernsehen*
jemandem Erste Hilfe leisten
letzte: *der (die, das) Letzte, der (die, das) Allerletzte, bis ins Letzte, bis zum Letzten, der (die, das) Letztere, Letzterer, ihr letzter/Letzter Wille, zum letzten Mal*
nächste: *der (die, das) Nächste, als Nächstes, der Nächste, bitte!*
nämliche: *der (die, das) Nämliche*

andere, eine, viel, meiste, wenig

Neu!

In der Regel kleingeschrieben, bei Substantivierung ist auch Großschreibung möglich:
andere: *der (die, das) andere (Andere), alles andere (Andere), etwas ganz anderes (Anderes)*
eine: *der (die, das) eine (Eine), die einen (Einen) und die anderen (Anderen)*
viel/meiste: *der (die, das) viele (Viele), die vielen (Vielen), die meisten (Meisten), am meisten*
wenig: *das wenige (Wenige), die wenigen (Wenigen), am wenigsten, ein wenig*
Gibt es ein Bezugswort, werden die unbestimmten Zahlwörter (wie jedes andere Adjektiv) kleingeschrieben: *die anderen Länder, wenig Geld, die meisten Menschen*

ähnlich, mindest, (un)möglich, übrig

Neu!

ähnlich: *Ähnliches, und Ähnliches* (Abkürzung: *u.Ä.*), *oder Ähnliches (o.Ä.)*
mindest: *das Mindeste, (nicht) im Mindesten, zum Mindesten (in allen drei Fällen auch Kleinschreibung möglich)*
möglich: *das Mögliche, alles Mögliche* (im Sinne von: *alles, was möglich ist*), *sein Möglichstes tun, das Mindestmögliche tun, alles Menschenmögliche tun, allerlei Mögliches, Mögliches und Unmögliches verlangen*
übrig: *die Übrigen, das Übrige, alles Übrige, ein Übriges tun, im Übrigen*

Folgendes, Nebenstehendes, im Voraus, Weiteres usw.

der (die, das) Folgende, im Folgenden, in Folgendem, Folgendes, alle Folgenden, im Nachfolgenden,
das Nebenstehende, Nebenstehendes, im Nebenstehenden,
im (zum) Voraus, im Vorausgehenden, im Vorhergehenden,
im Nachhinein, im Vorhinein,
das Weitere, des Weiteren,
in Bezug auf, mit Bezug auf,
im Allgemeinen,
im Besonderen, im Bisherigen,
im Geheimen, des Genaueren, im Gesamten, im Großen, im Großen und Ganzen,
im Kleinen, bis ins Kleinste,
des Längeren,
des Näheren, aufs Neue,
des Öfteren,
das Sicherste sein, im Sichern sein, in Sonderheit, das Sonstige, im Stillen,
im Verborgenen,
im Wesentlichen

Adjektive

Adjektive, die Teil eines Eigennamens sind, werden immer großgeschrieben.
der Stille Ozean, der Schiefe Turm von Pisa, der Große Teich (Atlantik), *die Große Mauer* (in China), *der Blaue Planet, das Hohe Lied, der Kalte Krieg, die Brandenburgischen Konzerte, der Indische Ozean, die Holsteinische Schweiz, die Schwäbische Alb, die Mecklenburgische Seenplatte, der Bayerische Wald, die Dritte Welt*

Großgeschrieben werden Adjektive in bestimmten substantivischen Wortgruppen.
Titel, Ehrenbezeichnungen, Amtsbezeichnungen: *der Erste Bürgermeister, die Technische Direktorin*
Fachsprachliche Klassifizierungen z. B. der Biologie: *der Rote Milan, der Deutsche Schäferhund*
Besondere Kalendertage: *der Erste Mai, der Weiße Sonntag*
Bestimmte historische Begriffe und Ereignisse: *der Zweite Weltkrieg, die Französische Revolution*

Adjektive in anderen Wortgruppen werden kleingeschrieben (in manchen Fachsprachen oder zur Hervorhebung des übertragenen Sinns der Wortgruppe kann alternativ auch großgeschrieben werden).
das goldene Zeitalter (auch: *das Goldene Zeitalter*), *das schwarze Brett* (auch: *das Schwarze Brett*), *der schwarze Peter* (auch: *der Schwarze Peter*), *die zweite Stimme, das neue Jahr*

Herkunftsbezeichnungen

Herkunftsbezeichnungen auf *-er* werden großgeschrieben.
das Ulmer Münster, der Kölner Dom, der Dresdner Zwinger, das Heidelberger Schloss, das Meiß[e]ner Porzellan, der Berliner Bär, die Schweizer Grenze

Herkunftsbezeichnungen auf *-isch* werden kleingeschrieben.
brasilianischer Kaffee, rheinische Weine, badischer Wein, thüringische Würste, belgische Grenze

Zahlwörter

Kardinal- (*eins, zwei* ...), Ordnungszahlen (*erste, zweite* ...), Bruchzahlen (*fünftel, zwanzigstel* ...)
Kleinschreibung
Wir sind acht (auch: *8*), *die ersten acht, alle acht, ein achtel Zentner, um acht, es schlägt acht, er trank ein(en) achtel Liter* (auch: *Achtelliter*) *Milch, acht und acht ist sechzehn, achtseitig, achtprozentig, achtjährig* (auch: *8-jährig*), *das achte Weltwunder, Mitte der achtzig, mit achtzig, achtzig Jahre alt werden, der Mensch über achtzig, in die achtzig kommen, in den achtziger Jahren* (auch: *Achtzigerjahren*) *des 20. Jahrhunderts, der achtziger Jahrgang,*
das Ergebnis war gleich null, durch null teilen, eins zu null, null Komma null, null Komma eins, in null Komma nichts, die Temperatur bleibt auf null stehen oder sinkt unter null,
eine Gruppe von vieren, wir sind zu viert, auf allen vieren kriechen, alle viere von sich strecken, zu zweien, ein viertel Zentner (auch: *ein Viertelzentner*),
der Zeiger stand kurz vor zwölf (aber: *kurz vor der Zwölf*),
hundertprozentig, (auch: *100-prozentig* oder: *100%ig*), *die eine oder andere hundertstel Sekunde* (auch: *Hundertstelsekunde* oder: *100stel Sekunde*)

Neu!

Großschreibung
der (die, das) Achte, die Zahl Acht, die Acht, Achttonner (auch: *8-Tonner*), *der (die) Achtjährige* (auch: *8-Jährige*), *ein Achtziger* (ein Mann von achtzig Jahren), *eine Acht würfeln, ein Hunderter* (ein Hunderteuroschein), *die Achtzigerjahre* (auch: *die 80er-Jahre, die 80er Jahre*), *er ist die reine Null, die Null* (als Ziffer); *ein Viertel der Bewohner; ein Viertelliter, ein Viertel vom Ganzen, ein Viertel des Weges, es ist drei Viertel vor neun; der Hundertmeterlauf* (auch: *Hundert-Meter-Lauf* oder: *100-m-Lauf*)
Er setzte alles auf die Siebzehn. Sie hatte lauter Zweien im Zeugnis.
Es geht in die Hunderte, Tausende; Hunderte (hunderte) von Menschen, das achte Hundert, vom Hundersten ins Tausendste kommen
Immer großgeschrieben werden: *Million, Milliarde, Billion.*

Groß- und Kleinschreibung möglich
Es erschienen dutzende (auch: *Dutzende*) *von Bewerbern, dieses Produkt wird in einigen dutzend* (auch: *Dutzend*) *Geschäften angeboten.*
tausende und abertausende (auch: *Tausende und Abertausende*), *der Beifall zigtausender* (auch: *Zigtausender*) *war ihr sicher,*
mehrere hundert (auch: *Hundert*) *Menschen waren gekommen*

-mal oder *Mal*?

Neu!

-mal: *einmal, zweimal, hundertmal, diesmal, manchmal, erstmals, mehrmals, vielmal, vielmals, dutzendmal,*
wievielmal, ein- bis zweimal, tausendmal, auf einmal, mit einmal, das kann sie allemal besser, ein paarmal

Mal: *das eine (zweite) Mal, hunderte Male, dieses (manches) Mal, einige (etliche) Male, das erste, letzte Mal, mehrere (viele) Male, viele Male, ein für alle Mal(e), ein Dutzend Mal, wie viele Male, ein Mal über das andere, tausende Male, mit einem Mal,*
ein oder mehrere Male, zum wiederholten Male, zum soundsovielten Male, von Mal zu Mal, zu verschiedenen Malen, jedes Mal,
zum ersten, letzten Mal, ein, kein einziges Mal, ein paar Mal, viele Dutzend Male, einige, etliche Mal(e)

Verbindungen mit Verben in verschiedenen Bedeutungszusammenhängen

getrennt:	**zusammen:**
daneben gehen (neben jemandem)	*danebengehen* (misslingen)
groß schreiben (in großer Schrift schreiben)	*großschreiben* (mit großem Anfangsbuchstaben)
gut schreiben (leserlich)	*gutschreiben* (anrechnen)
frei sprechen (ohne abzulesen)	*freisprechen* (von einer Schuld)
schwer fallen (hinfallen)	*schwerfallen* (Mühe verursachen)
sicher gehen (mit festem Schritt)	*sichergehen* (Gewissheit haben)
klein schreiben (in kleiner Schrift schreiben)	*kleinschreiben* (mit kleinem Anfangsbuchstaben)
zusammen fahren (gemeinsam)	*zusammenfahren* (erschrecken)
zusammen ziehen (gemeinsam)	*zusammenziehen* (in eine gemeinsame Wohnung)
zusammen schreiben (gemeinsam)	*zusammenschreiben* (in einem Wort)

Wendungen, bei denen Groß- und Kleinschreibung möglich ist

ade sagen	*Ade sagen*
adieu sagen	*Adieu sagen*
die allein Stehenden	*die Alleinstehenden*
der, die, das andere	*der, die, das Andere*
die anderen	*die Anderen*
etwas ganz anderes	*etwas ganz Anderes*
auf das (aufs) äußerste	*auf das (aufs) Äußerste*
auf das (aufs) beste	*auf das (aufs) Beste*
außerstand setzen	*außer Stand setzen*
außerstande sein	*außer Stande sein*
datenverarbeitend	*Daten verarbeitend*
die deinen, die deinigen	*die Deinen, die Deinigen*
das deine, das deinige	*das Deine, das Deinige*
der, die, das eine	*der, die, das Eine*
die einen und die anderen	*die Einen und die Anderen*
auf das (aufs) einfachste	*auf das (aufs) Einfachste*
die euren, die eurigen	*die Euren, die Eurigen*
das eure, das eurige	*das Eure, das Eurige*
feuerspeiend	*Feuer speiend*
infrage stellen	*in Frage stellen*
auf das (aufs) genaueste	*auf das (aufs) Genaueste*
auf das (aufs) gröbste	*auf das (aufs) Gröbste*
aufgrund	*auf Grund*
zugunsten	*zu Gunsten*
jemandem guten Tag sagen	*jemandem Guten Tag sagen*
laut halt rufen	*laut Halt rufen*
haushalten	*Haus halten*
auf das (aufs) herzlichste	*auf das (aufs) Herzlichste*
mithilfe	*mit Hilfe*
hilfesuchend	*Hilfe suchend*
hohnlachen (er hohnlachte)	*Hohn lachen (er lachte Hohn)*
hurra schreien	*Hurra schreien*
die ihren, die ihrigen	*die Ihren, die Ihrigen*
das ihre, das ihrige	*das Ihre, das Ihrige*

Neu!

imstande sein	im Stande sein
instand setzen	in Stand setzen
ja sagen	Ja sagen
vor kurzem	vor Kurzem
seit langem	seit Langem
zulasten	zu Lasten
zuleide tun	zu Leide tun
die meinen, die meinigen	die Meinen, die Meinigen
das meine, das meinige	das Meine, das Meinige
das meiste	das Meiste
die meisten waren dafür	die Meisten waren dafür
metallverarbeitend	Metall verarbeitend
das mindeste	das Mindeste
zumute sein	zu Mute sein
von nahem	von Nahem
nein sagen	Nein sagen
von neuem	von Neuem
seit neuestem	seit Neuestem
o-beinig, o-förmig	O-beinig, O-förmig
das oben Stehende	das Obenstehende
oben Stehendes	Obenstehendes
im oben Stehenden	im Obenstehenden
zurande kommen	zu Rande kommen
ratsuchend	Rat suchend
zurate ziehen	zu Rate ziehen
zuschanden machen	zu Schanden machen
auf das (aufs) schlimmste	auf das (aufs) Schlimmste
auf das (aufs) schrecklichste	auf das (aufs) Schrecklichste
zuschulden kommen lassen	zu Schulden kommen lassen
die seinen, die seinigen	die Seinen, die Seinigen
das seine, das seinige	das Seine, das Seinige
aufseiten	auf Seiten
vonseiten	von Seiten
s-förmig	S-förmig
auf Nummer sicher gehen	auf Nummer Sicher gehen
ein solches ist mir geschehen	ein Solches ist mir geschehen
zustande bringen	zu Stande bringen
zutage bringen	zu Tage bringen
u-förmig	U-förmig
zuungunsten	zu Ungunsten
die unseren, die unsrigen	die Unseren, die Unsrigen
das unsere, das unsrige	das Unsere, das Unsrige
das unten Stehende	das Untenstehende
v-förmig	V-förmig
die vielen, die gekommen waren	die Vielen, die gekommen waren
zuwege bringen	zu Wege bringen
ohne weiteres	ohne Weiteres
der, die, das wenige	der, die, das Wenige
die wenigsten störte der Regen	die Wenigsten störte der Regen
wir werden auf Wiedersehen sagen	wir werden Auf Wiedersehen sagen
x-beinig	X-beinig
Zungen-r	Zungen-R

Wörter, bei denen Doppelschreibung möglich ist

8fach, das 8fache	*8-fach, das 8-Fache*
Alptraum	*Albtraum*
aufwändig (von Aufwand)	*aufwendig* (von aufwenden)
Katarr	*Katarrh*
Kennnummer	*Kenn-Nummer*
Myrre	*Myrrhe*
Schenke (von ausschenken)	*Schänke* (von Ausschank)
selbstständig	*selbständig*
sodass	*so dass*
tschüs	*tschüss*
Waggon	*Wagon*

Unterschiedliche Schreibung wegen unterschiedlicher Bedeutung

Schlägel (Schlagwerkzeug)	*Schlegel* (Keule z.B. vom Reh)
Lerche (Vogel)	*Lärche* (Baum)
Laib (Brot)	*Leib* (Körper)
Saite (beim Musikinstrument)	*Seite* (z.B. linke Seite)

Änderungen auf Grund des Stammprinzips

Bändel (zu *Band*), *behände* (zu *Hand*), *belämmert* (zu *Lamm*), *einbläuen* (zu *blau*), *Gämse* (zu *Gams*), *gräulich* (zu *Grauen* und *grau*), *Gräuel* (zu *Grauen*), *Karamell* (zu *Karamelle*), *nummerieren* (zu *Nummer*), *platzieren* (zu *Platz*), *Quäntchen* (zu *Quantum*), *schnäuzen* (zu *Schnauze*), *Stängel* (zu *Stange*), *Tipp* (zu *tippen*), *Tollpatsch* (zu *toll*), *überschwänglich* (zu *Überschwang*), *verbläuen* (zu *blau*)

Alphabetisches Wörterverzeichnis

Linke Spalte: Wörter und Wortgruppen in der bisherigen Schreibung. Wenn es verschiedene Schreibungen gab, sind beide angegeben, vgl. z. B. *achtgeben, Acht geben* (bis zur Rechtschreibreform 1996 wurde *achtgeben* geschrieben, danach *Acht geben*).

Rechte Spalte: Wörter und Wortgruppen in der neuen Schreibung. Mit Schrägstrich: Beide Schreibungen sind richtig, vgl. *Acht geben/achtgeben.*
Die aufgelisteten Wörter und Wortgruppen sind nur Beispiele:
- Wird *aufeinandertreffen* zusammengeschrieben, dann gilt dies entsprechend auch für *aufeinanderfolgen, aufeinanderlegen, aufeinanderprallen, aufeinanderpressen.*
- In der rechten Spalte wird z. B. unter dem Stichwort *rau* auch das Wort *rauhaarig* aufgeführt. Diese Wortzusammensetzung aus *rau* und *haarig* ist beispielhaft für andere zusammengesetzte Wörter wie *Raubein, raubeinig, Rauheit, Raureif* usw.

bisherige Schreibung	**neue Schreibung**
***A**bend*	
gestern, heute, morgen abend	*gestern, heute, morgen Abend*
abends	
Dienstag abends	*dienstagabends/ dienstags abends*
aberhundert	*aberhundert/Aberhundert*
Aberhunderte	*aberhunderte/ Aberhunderte*
abhanden kommen	*abhandenkommen*
abseits stehen	*abseitsstehen*
abwärts	
abwärts gehen (=nach unten gehen) *abwärtsgehen (=schlechter werden),* *abwärts gehen (=alle Bedeutungen)*	*abwärtsgehen*
Ach-Laut	*Achlaut/Ach-Laut*
Acht (=Aufmerksamkeit)	
achtgeben, Acht geben	*Acht geben/achtgeben*
achthaben, Acht haben	*Acht geben/achthaben*
sich in acht nehmen	*sich in Acht nehmen*
außer acht lassen	*außer Acht lassen*
acht ... (Schreibung mit der Zahl 8:)	
8jährig, der 8jährige	*8-jährig, der 8-Jährige*
8mal	*8-mal*
der 8tonner	*der 8-Tonner*
achte	
der, die, das achte (=in der Reihenfolge) *der, die, das Achte (=in der Rangfolge)*	*der, die, das Achte (Rang- und Reihenfolge)*
achtzig	
mit Achtzig	*mit achtzig (Jahren)*
Mitte der Achtzig	*Mitte der achtzig*
der Mensch über Achtzig	*der Mensch über achtzig*
in die Achtzig kommen	*in die achtzig kommen*
80er Jahre	*80er-Jahre/80er Jahre*
ade sagen	*Ade sagen/ade sagen*

bisherige Schreibung	**neue Schreibung**
adieu sagen	*Adieu sagen/adieu sagen*
After-shave-Lotion	*Aftershavelotion/ Aftershave-Lotion*
ähnlich	
ähnliches (=solches)	*Ähnliches*
und ähnliches (Abkürzung: u. ä.)	*und Ähnliches (Abkürzung: u. Ä.)*
allein	
allein stehen	*allein stehen (=einzeln stehen)* *alleinstehen (=ohne Partner sein/ohne Unterstützung sein)*
alleinstehend/ allein stehend	*allein stehend/ alleinstehend (=einzeln stehend)* *alleinstehend (=ohne Partner/ohne Unterstützung lebend)*
allerbeste	
... das allerbeste (sehr gut), wenn	*... das Allerbeste, wenn*
allgemein	
im allgemeinen (=gewöhnlich)	*im Allgemeinen*
allgemeingültig, allgemein gültig	*allgemein gültig/ allgemeingültig*
allgemeinverständlich, allgemein verständlich	*allgemein verständlich/ allgemeinverständlich*
Alptraum	*Alptraum/Albtraum*
alt	
ganz der alte (=derselbe) sein	*ganz der Alte sein*
beim alten (Gewohnten) bleiben	*beim Alten bleiben*
am alten (Gewohnten) hängen	*am Alten hängen*
es beim alten (Gewohnten) lassen	*es beim Alten lassen*
alt und jung (=jedermann)	*Alt und Jung*
alt machen	*alt machen/altmachen*

bisherige Schreibung	neue Schreibung
Amboß	*Amboss*
andere	
der (die, das) andere	*der (die, das) andere/ Andere*
etwas anderes	*etwas anderes/Anderes*
andersdenkend	*anders denkend/ andersdenkend*
aneinanderlegen, aneinander legen	*aneinanderlegen*
Angst	
jemandem angst und bange machen	*jemandem Angst und Bange machen*
anheimfallen, anheim fallen	*anheimfallen*
anheimstellen, anheim stellen	*anheimstellen*
arg	
im argen liegen	*im Argen liegen*
arm	
arm und reich (=jedermann)	*Arm und Reich*
arm machen	*arm machen/armmachen*
As	*Ass*
aufeinandertreffen, aufeinander treffen	*aufeinandertreffen*
aufrecht halten	*aufrecht halten (=aufgerichtet halten) aufrechthalten (=Kraft geben)*
aufsehenerregende Nachrichten	*Aufsehen erregende/ aufsehenerregende Nachrichten*
auf seiten	*aufseiten/auf Seiten*
aufwendig	*aufwändig (von Aufwand)/ aufwendig (von aufwenden)*
aufwärts	
aufwärts gehen (=nach oben gehen) aufwärtsgehen (=besser werden), aufwärts gehen (=alle Bedeutungen)	*aufwärtsgehen*
Au-pair-Mädchen	*Aupairmädchen/ Au-pair-Mädchen*
auseinander	
auseinandergehen, auseinander gehen	*auseinandergehen*
(sich mit etwas) ausein- andersetzen, auseinander setzen	*auseinandersetzen*
auseinanderziehen, auseinander ziehen	*auseinanderziehen*
außer acht lassen	*außer Acht lassen*

bisherige Schreibung	neue Schreibung
äußerst	
auf das, aufs äußerste erschrocken sein	*auf das, aufs Äußerste/ äußerste erschrocken sein (wie?) aber: auf das, aufs Äußerste gefasst sein (worauf?)*
außerstande sein	*außerstande/ außer Stande sein*
***B**allettänzer*	*Balletttänzer/ Ballett-Tänzer*
Bange	
jemandem bange machen	*jemandem Bange machen*
bankrott gehen, Bankrott gehen	*bankrottgehen*
Baß	*Bass*
bedeutend	
um ein bedeutendes größer	*um ein Bedeutendes größer*
behende	*behände (zu Hand)*
beieinander	
beieinanderhaben, beieinander haben	*beieinanderhaben*
beieinander sein (=zusammen sein) gut beieinandersein (=gesund sein)	*(gut) beieinander sein*
beieinandersitzen, beieinander sitzen	*beieinandersitzen*
beieinanderstehen, beieinander stehen	*beieinanderstehen*
beiseite legen	*beiseitelegen*
bekannt	
bekanntgeben, bekannt geben	*bekannt geben/ bekanntgeben*
bekanntmachen/ bekannt machen, bekannt machen	*bekannt machen/ bekanntmachen*
belemmert	*belämmert (zu Lamm)*
beliebig	
jeder beliebige	*jeder Beliebige*
Bendel	*Bändel (zu Band)*
bereit	
bereit erklären	*bereit erklären/ bereiterklären*
bereitmachen	*bereit machen/ bereitmachen*
besondere	
im besonderen	*im Besonderen*
besorgniserregende Zustände	*Besorgnis erregende/ besorgniserregende Zustände*

bisherige Schreibung	neue Schreibung
besser	
bessergehen, besser gehen (= gesünder werden)	besser gehen/ bessergehen
besserstellen, besser stellen (= sozial verbessern)	besserstellen
bessergestellt, besser gestellt	bessergestellt
das Bessere/Beßre	das Bessere/Bessre
ein Besseres/Beßres	ein Besseres/Bessres
beste	
das Beste sein (= die beste Sache sein) das beste sein (= am besten sein)	das Beste sein
der, die, das erste beste	der, die, das erste Beste
zum besten geben, haben, halten, stehen	zum Besten geben, haben, halten, stehen
auf das, aufs beste (= sehr gut)	auf das, aufs Beste/beste
bestehenbleiben, bestehenlassen	bestehen bleiben, lassen
beträchtlich	
um ein beträchtliches größer	um ein Beträchtliches größer
Bettuch	Betttuch/Bett-Tuch
bewußtmachen, bewusst machen (= deutlich machen)	bewusst machen/ bewusstmachen
Bezug	
mit Bezug auf in bezug auf	mit/in Bezug auf
Big Band	Bigband/Big Band
Big Business/Bigbusiness	Big Business
Biographie	Biografie/Biographie
bisherig	
im bisherigen	im Bisherigen
Biß	Biss
bißchen	bisschen
Blackout	Black-out/Blackout
blank	
blank polieren	blank polieren/ blankpolieren
blankpolierte Dosen	blank polierte/ blankpolierte Dosen
blaß, bläßlich	blass, blässlich
blau	
blau färben	blau färben/blaufärben
der blaue Planet (= die Erde)	der Blaue Planet
ein blaugestreifter Stoff	ein blau gestreifter/ blaugestreifter Stoff

bisherige Schreibung	neue Schreibung
bleibenlassen, bleiben lassen (= nicht tun)	bleiben lassen/ bleibenlassen
blond	
blond färben	blond färben/blondfärben
blondgelockte Haare	blond gelockte/ blondgelockte Haare
Boß	Boss
bravo rufen	Bravo rufen/bravo rufen
Bravour	Bravur/Bravour
breit	
sich breitmachen, sich breit machen (= viel Platz beanspruchen)	sich breitmachen
ein breitgefächertes Angebot	ein breit gefächertes/ breitgefächertes Angebot
des langen und des breiten (= umständlich)	des Langen und des Breiten
Brennessel	Brennnessel/Brenn-Nessel
brustschwimmen	brustschwimmen/ Brust schwimmen
buntgestreifte Stoffe	bunt gestreifte/ buntgestreifte Stoffe
Centre Court	Centrecourt/Centre-Court
Chicorée	Schikoree/Chicorée
Choreographie	Choreografie/ Choreographie
Cleverneß	Cleverness
Comeback	Come-back/Comeback
Compact Disc/ Compactdisc	Compact Disc
Corned beef	Cornedbeef/Corned Beef
Countdown	Count-down/Countdown
Creme	Creme/Krem/Kreme
Crêpe (= Eierkuchen, Gewebe)	Krepp/Crêpe
dabeisein	dabei sein
daheim bleiben	daheimbleiben
dasein (= zugegen sein) da sein (= dort sein)	da sein
daß	dass
daß-Satz	Dasssatz/dass-Satz
davorstellen, davor stellen	davorstellen
dein	
mein und dein verwechseln	Mein und Dein verwechseln
die Deinen	die deinen/Deinen
die Deinigen	die deinigen/Deinigen
das Deine	das deine/Deine
das Deinige	das deinige/Deinige
Dekolleté	Dekolletee/Dekolleté

bisherige Schreibung	neue Schreibung
Delphin	Delfin/Delphin
delphinschwimmen	delfinschwimmen/ delphinschwimmen/ Delfin schwimmen/ Delphin schwimmen
derartiges	Derartiges
deutsch	
in deutsch/in Deutsch	in Deutsch
auf deutsch	auf Deutsch
der deutsche Schäferhund	der Deutsche Schäferhund
diät leben/Diät halten	Diät leben, halten
dicht	
dicht machen (abdichten)	dicht machen/ dichtmachen
dichtbehaarte Felle	dicht behaarte/ dichtbehaarte Felle
Dienstag	
am Dienstag abend	am Dienstagabend
dienstags abends/ Dienstag abends	dienstagabends/dienstags abends
an jedem Dienstag abends	an jedem Dienstagabend
Differenz	
differential	differenzial/differential
differentiell	differenziell/differentiell
Diktaphon	Diktafon/Diktaphon
doppelt soviel	doppelt so viel
dortbleiben, dort bleiben	dortbleiben
Dreß	Dress
dritte	
der, die, das dritte	der, die, das Dritte
die dritte Welt	die Dritte Welt
du	
auf du und du	auf Du und Du
Du, Dein, Dich, Dir, ..., du, dein, dich, dir (in Briefen)	du/Du, dein/Dein, dich/ Dich, dir/Dir ...
dunkel	
im Dunkeln tappen (= in der Dunkelheit) im dunkeln tappen (= im Ungewissen sein)	im Dunkeln tappen
dünn machen (= verdünnen)	dünn machen/ dünnmachen
dünnbesiedelte Gebiete	dünn besiedelte/ dünnbesiedelte Gebiete
durcheinanderbringen, durcheinander bringen	durcheinanderbringen
durcheinanderreden, durcheinander reden	durcheinanderreden
Duty-free-Shop	Dutyfreeshop/ Duty-free-Shop
Dutzende	dutzende/Dutzende von Menschen

bisherige Schreibung	neue Schreibung
eben machen (= glätten)	eben machen/ ebenmachen
ebensogut	ebenso gut
Eid	
an Eides Statt	an Eides statt
eigen	
sein eigen nennen	sein Eigen nennen
zu eigen machen, zu Eigen machen	zu eigen machen
einbleuen	einbläuen (zu blau)
eine	
der (die, das) eine	der (die, das) eine/Eine
die einen	die einen/Einen
einfach	
es ist das einfachste, wenn ... (= am einfachsten)	es ist das Einfachste, wenn ...
auf das, aufs einfachste (wie?)	auf das, aufs Einfachste/ einfachste
einwärtsbiegen, einwärts biegen	einwärtsbiegen
einzeln	
der, die, das einzelne	der, die, das Einzelne
als einzelner	als Einzelner
jeder einzelne	jeder Einzelne
bis ins einzelne	bis ins Einzelne
im einzelnen	im Einzelnen
einzig	
der, die, das einzige	der, die, das Einzige
als einziges	als Einziges
eisenverarbeitende Industrie	Eisen verarbeitende/ eisenverarbeitende Industrie
eislaufen, Eis laufen	eislaufen
engbefreundete Menschen	eng befreundete/engbefreundete Menschen
entfernt	
nicht im entferntesten	nicht im Entferntesten
Entschluß	Entschluss
entweder	
das Entweder-Oder	das Entweder-oder
erste	
der, die, das erste (= der Reihe nach)	der, die, das Erste
der, die, das erste beste	der, die, das erste Beste
fürs erste	fürs Erste
als erstes	als Erstes
die Erste Hilfe, die erste Hilfe	die erste/Erste Hilfe
der, die, das erstere	der, die, das Erstere
ersteres	Ersteres
essen	
ißt	isst

bisherige Schreibung	neue Schreibung
Essenz	
essentiell	*essenziell/essentiell*
euer	
die Euren	*die euren/Euren*
die Eurigen	*die eurigen/Eurigen*
das Eure	*das eure/Eure*
das Eurige	*das eurige/Eurige*
Euer, Euch …, euer, euch (in Briefen)	*euer/Euer, euch/Euch …*
Existentialismus	*Existenzialismus/ Existentialismus*
existentiell	*existenziell/existentiell*
Exposé	*Exposee/Exposé*
expreß	*express*
Exzeß	*Exzess*
***F**acette*	*Fassette/Facette*
fahren	
radfahren	*Rad fahren*
Fairneß	*Fairness*
Fair play	*Fairplay/Fair Play*
fallenlassen, fallen lassen (=aufgeben; äußern)	*fallen lassen/fallenlassen*
falschliegen, falsch liegen (=sich irren)	*falschliegen*
falschspielen, falsch spielen (=betrügerisch spielen)	*falschspielen*
Faß	*Fass*
Fast food	*Fastfood/Fast Food*
fein	
feinmachen, fein machen (=gut anziehen)	*fein machen/feinmachen*
fein mahlen	*fein mahlen/feinmahlen*
feind, Feind bleiben, sein, werden	*feind bleiben, sein, werden*
fernhalten, fern halten	*fernhalten*
fernliegen, fern liegen	*fernliegen*
fertig	
fertigbringen, fertig bringen; fertigkriegen, fertig kriegen (=zustande bringen, über sich bringen)	*fertigbringen; fertigkriegen*
jemanden fertigmachen, fertig machen	*fertigmachen*
eine Arbeit fertigmachen, fertig machen	*fertig machen/ fertigmachen*
fettgedruckte Buchstaben	*fett gedruckte/ fettgedruckte Buchstaben*
feuerspeiende Berge	*Feuer speiende/ feuerspeiende Berge*
Fingerbreit	
keinen Fingerbreit nachgeben	*keinen Fingerbreit/ Finger breit nachgeben*

bisherige Schreibung	neue Schreibung
finster	
im Finstern tappen (=in der Finsternis tappen) *im finstern tappen (=im Ungewissen sein)*	*im Finstern tappen*
Fitneß	*Fitness*
fleischfressende Pflanzen	*Fleisch fressende/ fleischfressende Pflanzen*
fließen	
floß	*floss*
flötengehen (=verlieren)	*flöten gehen*
Fluß	*Fluss*
flußab, flußauf	*flussab, flussauf*
Flußsand	*Flusssand/Fluss-Sand*
flüssigmachen, flüssig machen (Geld)	*flüssigmachen*
Fön (=Haartrockner)	*Föhn (als Warenzeichen: Fön)*
folgend	
im folgenden	*im Folgenden*
das Folgende (=das später Genannte) *das folgende (=der Reihe nach)*	*das Folgende*
folgendes	*Folgendes*
Frage	
in Frage stellen	*infrage/in Frage stellen*
frei	
freihaben (Urlaub)	*frei haben/freihaben*
freinehmen (Urlaub)	*frei nehmen/freinehmen*
freilegen (Wurzeln)	*frei legen/freilegen*
fressen	
frißt	*frisst*
freund, Freund bleiben, sein, werden	*freund bleiben, sein, werden*
ein frischgebackenes, frisch gebackenes Paar	*ein frischgebackenes Paar*
Friteuse	*Fritteuse*
fritieren	*frittieren*
frühverstorbene Menschen	*früh verstorbene/ frühverstorbene Menschen*
fürliebnehmen, fürlieb nehmen	*fürliebnehmen*
Fußbreit	
die Tür einen Fußbreit öffnen	*die Tür einen Fußbreit/ Fuß breit öffnen*
***g**anz*	
ganz machen (=reparieren)	*ganz machen/ ganzmachen*
im ganzen	*im Ganzen*
im großen ganzen	*im großen Ganzen*
im großen und ganzen	*im Großen und Ganzen*

bisherige Schreibung	neue Schreibung
gar	
gar kochen	*gar kochen/garkochen*
gargekochtes Fleisch	*gar gekochtes/ gargekochtes Fleisch*
Gäßchen	*Gässchen*
gefahrbringende Abenteuer	*Gefahr bringende/gefahr-bringende Abenteuer*
gefangennehmen	*gefangen nehmen*
gegeneinander	
gegeneinanderhalten, gegeneinander halten	*gegeneinanderhalten*
gegeneinanderstellen, gegeneinander stellen	*gegeneinanderstellen*
geheim	
geheimhalten	*geheim halten*
im geheimen	*im Geheimen*
gehenlassen, gehen lassen (= sich vernachlässigen)	*gehen lassen/gehenlassen*
gelb	
gelb färben	*gelb färben/gelbfärben*
die Gelbe Karte, die gelbe Karte	*die gelbe/Gelbe Karte*
Gemse	*Gämse (zu Gams)*
genau	
genaugenommene Worte	*genau genommene/ genaugenommene Worte*
des genaueren	*des Genaueren*
auf das, aufs genaueste (wie?)	*auf das, aufs genaueste/ Genaueste*
genausogut	*genauso gut*
genießen	
genoß	*genoss*
Genuß	*Genuss*
Geographie	*Geografie/Geographie*
gerade	
einen Draht geradebiegen, gerade biegen	*einen Draht gerade biegen/geradebiegen*
sich geradehalten, gerade halten	*sich gerade halten/ geradehalten*
geradesitzen, geradestehen (= aufrecht sitzen, stehen)	*gerade sitzen, stehen*
geradesogut	*geradeso gut*
gering	
geringachten, gering achten	*gering achten/ geringachten*
es geht ihn nicht das geringste an (= gar nichts)	*es geht ihn nicht das Geringste an*
nicht im geringsten	*nicht im Geringsten*
gerngesehene Gäste	*gern gesehene/ gerngesehene Gäste*
gern haben	*gernhaben*
gesamt	
im gesamten	*im Gesamten*
gestern abend, morgen, vormittag	*gestern Abend, Morgen, Vormittag*
gesund machen	*gesund machen/ gesundmachen*
gewinnbringend	*Gewinn bringend/ gewinnbringend*
gewiß	*gewiss*
gießen	
goß	*goss*
Glacé	*Glacee/Glacé*
glatt	
glattgehen, glatt gehen (= gelingen)	*glattgehen*
glattstreichen, glatt streichen	*glatt streichen/ glattstreichen*
gleich	
das gleiche	*das Gleiche*
auf das gleiche hinauskommen	*auf das Gleiche hinauskommen*
gleich und gleich	*Gleich und Gleich*
Grammophon	*Grammofon/Grammophon*
Grand Prix/Grandprix	*Grand Prix*
Grand Slam/Grandslam	*Grand Slam*
Graphit	*Grafit/Graphit*
Graphologe	*Grafologe/Graphologe*
gräßlich	*grässlich*
Greuel	*Gräuel (zu Grauen)*
greulich	*gräulich (zu Grauen)*
grellbeleuchtete Bühnen	*grell beleuchtete/ grellbeleuchtete Bühnen*
grob	
grob mahlen	*grob mahlen/grobmahlen*
aus dem groben arbeiten	*aus dem Groben arbeiten*
auf das, aufs gröbste (wie?)	*auf das, aufs gröbste/ Gröbste*
groß	
großschreiben, groß schreiben (= besonders schätzen)	*großschreiben*
groß schreiben (= mit großem Anfangsbuchstaben)	*großschreiben*
im großen	*im Großen*
im großen und ganzen	*im Großen und Ganzen*
groß und klein (= jedermann)	*Groß und Klein*
der große Teich (= Atlantik)	*der Große Teich*
Gunst	
zugunsten	*zugunsten/zu Gunsten*
Guß	*Guss*

bisherige Schreibung	neue Schreibung
gut	
gutgehen, gut gehen (= angenehm leben, gut enden)	gut gehen/gutgehen
gutgehende Geschäfte	gut gehende/gutgehende Geschäfte
gutgemeinte Ratschläge	gut gemeinte/gutgemeinte Ratschläge
guttun, gut tun (= ein Wohlgefühl erzeugen)	guttun
im guten wie im bösen	im Guten wie im Bösen
jenseits von Gut und Böse, jenseits von gut und böse	jenseits von Gut und Böse
guten Tag sagen	guten Tag sagen/Guten Tag sagen
haftenbleiben, haften bleiben (= im Gedächtnis bleiben)	haften bleiben, haftenbleiben
halb	
halbleer, halb leer	halb leer/halbleer
halbnackt, halb nackt	halb nackt/halbnackt
halt, Halt	
laut Halt rufen	laut halt rufen/ laut Halt rufen
haltmachen, Halt machen	Halt machen/haltmachen
Hämorrhoiden	Hämorriden/Hämorrhoiden
Hand	
zwei Handbreit Stoff	zwei Handbreit/ Hand breit Stoff
eine Handvoll, Hand voll Reis	eine Hand voll/ Handvoll Reis
handeltreibendes Gewerbe	Handel treibendes/ handeltreibendes Gewerbe
hängenbleiben, hängen bleiben (= im Gedächtnis bleiben, nicht versetzt werden)	hängen bleiben/ hängenbleiben
hängenlassen, hängen lassen (= im Stich lassen)	hängen lassen/ hängenlassen
Happy-End	Happyend/Happy End
hart	
hart kochen	hart kochen/hartkochen
hartgekochte Eier	hart
gekochte/hartgekochte Eier	
Haß	Hass
häßlich	hässlich
Haus	
haushalten	haushalten/Haus halten
nach Hause	nach Hause/nachhause
zu Hause	zu Hause/zuhause

bisherige Schreibung	neue Schreibung
heiligsprechen, heilig sprechen	heiligsprechen
heimlichtun, heimlich tun (= geheimnisvoll tun)	heimlichtun
heißmachen, heiß machen (= erwärmen)	heiß machen/heißmachen
heißersehnte Ferien	heiß ersehnte/ heißersehnte Ferien
hellichter Tag	helllichter Tag
herzlich	
auf das, aufs herzlichste (wie?)	auf das, aufs herzlichste/ Herzlichste
hierbleiben, hier bleiben	hierbleiben
hierherkommen, hierher kommen	hierherkommen
Hilfe	
hilfesuchende Kinder	Hilfe suchende/ hilfesuchende Kinder
mit Hilfe	mithilfe/mit Hilfe
hintereinanderlegen, hintereinander legen	hintereinanderlegen
hochachten, hoch achten	hoch achten/hochachten
hofhalten (er hält hof)	Hof halten (er hält Hof)
höher	
die Erwartungen höherschrauben, höher schrauben	die Erwartungen höherschrauben
eine Mitarbeiterin höherstufen, höher stufen	eine Mitarbeiterin höherstufen
hohnlachen	Hohn lachen, ich lache Hohn/hohnlachen, ich hohnlache
Hot dog	Hotdog/Hot Dog
hundert	
hunderte	hunderte/Hunderte
100prozentig	100-prozentig
hundertste	hundertste/Hundertste
Hungers sterben	hungers sterben
hurra schreien	hurra/Hurra schreien
Ich-Laut	Ichlaut/Ich-Laut
ihr	
die Ihren	die ihren/Ihren
die Ihrigen	die ihrigen/Ihrigen
das Ihre	das ihre/Ihre
das Ihrige	das ihrige/Ihrige
Ihr, Du, Euer, Euch, …, ihr, du, euer, euch … (= in Briefen)	ihr/Ihr, du/Du, euer/Euer, euch/Euch …
Imbiß	Imbiss
imstande sein	imstande/im Stande sein
in bezug auf	in Bezug auf

bisherige Schreibung	**neue Schreibung**
ineinanderfließen, ineinander fließen	*ineinanderfließen*
in Frage stellen	*infrage/in Frage stellen*
instand setzen	*instand/in Stand setzen*
irgend	
irgend etwas	*irgendetwas*
irgend jemand	*irgendjemand*
I-Tüpfelchen	*i-Tüpfelchen*
ja sagen	*Ja sagen/ja sagen*
Joghurt	*Jogurt/Joghurt*
jung und alt (=jedermann)	*Jung und Alt*
Kaffee-Ernte	*Kaffeeernte/Kaffee-Ernte*
kahlscheren, kahl scheren	*kahl scheren/kahlscheren*
kalt	
kaltlassen/kalt lassen (=nicht beeindrucken)	*kaltlassen*
kalt stellen (=ins Kalte stellen)	*kalt stellen/kaltstellen*
der kalte Krieg	*der Kalte Krieg (zwischen Ost und West nach 1945)*
Känguruh	*Känguru (wie Kakadu, Gnu)*
kaputtmachen	*kaputt machen/ kaputtmachen*
Karamel	*Karamell (zu Karamelle)*
Katarrh	*Katarr/Katarrh*
kegelschieben	*Kegel schieben*
Kennummer	*Kennnummer/ Kenn-Nummer*
kennenlernen, kennen lernen	*kennen lernen/ kennenlernen*
keß	*kess*
Ketchup	*Ketschup/Ketchup*
Kind	
an Kindes Statt	*an Kindes statt*
klar	
klarmachen, klar machen (=verdeutlichen)	*klarmachen*
klarsehen, klar sehen (=völlig verstehen)	*klarsehen*
sich klarwerden, klar werden	*klarwerden*
sich im klaren sein	*sich im Klaren sein*
ins klare kommen (=zurechtkommen)	*ins Klare kommen*
klasse	
das ist Klasse	*das ist klasse*
klebenbleiben, kleben bleiben (=nicht versetzt, aufgehalten werden)	*kleben bleiben/ klebenbleiben*

bisherige Schreibung	**neue Schreibung**
klein	
kleinhacken, klein hacken	*klein hacken/kleinhacken*
kleinschreiben, klein schreiben (=gering schätzen)	*kleinschreiben*
einen kleinen sitzen haben	*einen Kleinen sitzen haben*
im kleinen	*im Kleinen*
bis ins kleinste	*bis ins Kleinste*
groß und klein (=jedermann)	*Groß und Klein*
Knockout	*Knock-out/Knockout*
Kommuniqué	*Kommunikee/ Kommuniqué*
Kompromiß	*Kompromiss*
kopfstehen, Kopf stehen	*kopfstehen*
krank schreiben	*krankschreiben*
kraß	*krass*
krumm	
einen Draht krumm biegen	*einen Draht krumm biegen/krummbiegen*
sich krummlegen, krumm legen (=sich abmühen)	*sich krummlegen*
etwas krummnehmen, krumm nehmen	*etwas krummnehmen*
kurz	
jemanden kurzhalten, kurz halten (=jemandem wenig Geld geben)	*jemanden kurzhalten*
kurz schneiden	*kurz schneiden/ kurzschneiden*
vor, seit kurzem	*vor, seit Kurzem/kurzem*
den kürzeren ziehen	*den Kürzeren ziehen*
kürzertreten, kürzer treten	*kürzertreten*
Kuß	*Kuss*
lahmlegen, lahm legen	*lahmlegen*
lang	
lang ziehen (=ziehen, bis es lang ist) *jemandem die Ohren langziehen, lang ziehen (=heftig tadeln)*	*lang ziehen/langziehen*
seit langem	*seit Langem/langem*
des langen und breiten (=umständlich)	*des Langen und Breiten*
des längeren	*des Längeren*
lassen	
läßt	*lässt*
Last	
zu Lasten	*zu lasten/zu Lasten*
lästig fallen	*lästig fallen/lästigfallen*
laufen	
auf dem laufenden sein	*auf dem Laufenden sein*

bisherige Schreibung	neue Schreibung
Layout	*Lay-out/Layout*
leckschlagen, leck schlagen	*leck schlagen/ leckschlagen*
leer	
leer essen	*leer essen/leeressen*
leerstehende Häuser	*leer stehende/ leerstehende Häuser*
leicht	
leichtfallen, leicht fallen (=keine Mühe bereiten)	*leichtfallen*
es sich leichtmachen, leicht machen (=Mühe vermeiden)	*leicht machen/ leichtmachen*
leichtnehmen, leicht nehmen (=wenig Bedeutung beimessen)	*leichtnehmen*
sich leichttun, leicht tun (=keine Mühe mit etwas haben)	*sich leichttun*
es ist ein leichtes	*es ist ein Leichtes*
leid	
leid tun, Leid tun/leidtun	*leidtun*
zuleide tun	*zu leide/zu Leide tun*
Leidtragende	*Leid Tragende/ Leidtragende*
letzte	
der, die, das letzte	*der, die, das Letzte*
bis zum letzten (=ganz genau)	*bis zum Letzten*
bis ins letzte (=ganz genau)	*bis ins Letzte*
der Letzte Wille	*der letzte/Letzte Wille*
der, die, das letztere	*der, die, das Letztere*
letzterer	*Letzterer*
liebhaben, lieb haben	*lieb haben/liebhaben*
liebenlernen	*lieben lernen*
liegenbleiben, liegen bleiben (=nicht erledigt werden, eine Panne haben)	*liegen bleiben/ liegenbleiben*
liegenlassen, liegen lassen (=vergessen)	*liegen lassen/liegenlassen*
Live-Show	*Liveshow/Live-Show*
***m**adig machen*	*madigmachen*
mal/Mal	
das erste Mal, das erstemal	*das erste Mal*
einige Male, einigemale	*einige Mal[e]*
ein paar Dutzend Male, ein paar dutzend mal	*ein paar Dutzend Mal[e]*
eine Million Male, millionenmal	*Millionen Mal[e]*

bisherige Schreibung	neue Schreibung
Malaise	*Maläse/Malaise*
marathonlaufen	*marathonlaufen/ Marathon laufen*
maschineschreiben	*Maschine schreiben*
maßhalten, Maß halten	*Maß halten/maßhalten*
matt	
den König matt setzen	*den König matt setzen/ mattsetzen*
einen Gegner matt setzen (=handlungsunfähig machen)	*einen Gegner mattsetzen*
Mayonnaise/Majonäse	*Majonäse/Mayonnaise*
Megaphon	*Megafon/Megaphon*
mein	
mein und dein nicht unterscheiden	*Mein und Dein nicht unterscheiden*
die Meinen	*die meinen/die Meinen*
die Meinigen	*die meinigen/die Meinigen*
das Meine	*das meine/das Meine*
das Meinige	*das meinige/das Meinige*
meiste	
das meiste	*das meiste/Meiste*
die meisten	*die meisten/Meisten*
menschenmöglich	
das, alles menschenmögliche tun	*das, alles Menschenmögliche tun*
messen	
mißt	*misst*
Mesmer/Mesner	*Messmer (zu Messe)/ Mesmer, Messner/Mesner*
metallverarbeitende Industrie	*Metall verarbeitende/ metallverarbeitende Industrie*
miesmachen, mies machen (=schlecht über etwas reden)	*miesmachen*
mindest	
das mindeste	*das Mindeste/mindeste*
nicht im mindesten	*nicht im Mindesten/ mindesten*
mißachten	*missachten*
Mißmut	*Missmut*
mit Hilfe	*mithilfe/mit Hilfe*
möglich	
das, alles mögliche tun (=allerlei)	*das, alles Mögliche tun*
sein möglichstes tun	*sein Möglichstes tun*
Mop (=Staubbesen)	*Mopp (zu moppen)*
müßiggehen, müßig gehen	*müßiggehen*
Mut	
zumute sein	*zumute/zu Mute sein*
Myrrhe	*Myrre/Myrrhe*

bisherige Schreibung	neue Schreibung
nachfolgend	
nachfolgendes, im nachfolgenden (= weiter unten)	Nachfolgendes, im Nachfolgenden
nach Hause	nach Hause, nachhause
nachhinein	
im nachhinein	im Nachhinein
nächst	
der, die, das nächste	der, die, das Nächste
als nächstes	als Nächstes
nah	
nahebringen, nahe bringen (= verständlich machen)	nahebringen
näherbringen, näher bringen	näherbringen
nahegehen, nahe gehen (= innerlich berühren)	nahegehen
nahelegen, nahe legen (= empfehlen)	nahelegen
von nahem	von Nahem/nahem
des näheren erläutern	des Näheren erläutern
nämlich	
der, die, das nämliche	der, die, das Nämliche
naß	nass
nebeneinanderlegen, nebeneinander legen	nebeneinanderlegen
nebenstehend	
nebenstehendes, im nebenstehenden (= hier neben)	Nebenstehendes, im Nebenstehenden
Necessaire	Nessessär/Necessaire
Negligé	Negligee/Negligé
nein sagen	Nein sagen/nein sagen
neu	
neueröffnete Läden	neu eröffnete/ neueröffnete Läden
aufs neue	aufs Neue
niedrig	
die niedrigstehende Sonne	die niedrig stehende/ niedrigstehende Sonne
Not	
notleidende Tiere	Not leidende/ notleidende Tiere
not sein, Not sein	not sein
not tun, Not tun	nottun
null	
in Null Komma nichts	in null Komma nichts
auf Null stehen	auf null stehen
unter Null sinken	unter null sinken
numerieren	nummerieren (zu Nummer)
Nuß	Nuss
Nutz	
zunutze machen	zunutze/zu Nutze machen

bisherige Schreibung	neue Schreibung
O-beinig	o-beinig/O-beinig
oben	
obenstehende Abschnitte	oben stehende/ obenstehende Abschnitte
das Obenstehende	das oben Stehende/ das Obenstehende
im obenstehenden	im oben Stehenden/ im Obenstehenden
offen	
offenbleiben, offen bleiben (= ungeklärt bleiben)	offenbleiben
sich etwas offenhalten, offen halten (= sich noch nicht entscheiden)	sich etwas offenhalten
offenlegen, offen legen (= Einblick gewähren)	offenlegen
oft	
des öfteren	des Öfteren
Orthographie	Orthografie/Orthographie
Panther	Panter/Panther
Pappmaché	Pappmaschee/Pappmaché
Paragraph	Paragraf/Paragraph
parallellaufende Linien	parallel laufende/ parallellaufende Linien
Paß	Pass
Platitüde	Plattitüde/Platitüde
plazieren	platzieren (zu Platz)
pleite gehen, Pleite gehen	pleitegehen
Portemonnaie	Portmonee/Portemonnaie
Potenz	
Potential	Potenzial/Potential
potentiell	potenziell/potentiell
Public Relations/ Publicrelations	Public Relations
publik machen	publik machen, publikmachen
pushen	puschen/pushen
Quentchen	Quäntchen (zu Quantum)
quer	
quergehen, quer gehen (= missglücken)	quergehen
querlesen, quer lesen (= überfliegend lesen)	querlesen
radfahren	Rad fahren
radschlagen	Rad schlagen
Rand	
zu Rande kommen	zurande/ zu Rande kommen
rar	
sich rar machen	sich rarmachen

bisherige Schreibung	**neue Schreibung**
Rat	
ratsuchende Eltern	*Rat suchende/ ratsuchende Eltern*
zu Rate ziehen	*zurate/zu Rate ziehen*
rauh	*rau*
rauhhaarig	*rauhaarig*
recht, Recht bekommen, geben, haben	*recht/Recht bekommen, geben, haben*
Rechtens sein	*rechtens sein*
reich	
reichgeschmückte Tische	*reich geschmückte/ reichgeschmückte Tische*
arm und reich (=jeder)	*Arm und Reich*
rein	
reinseidene Blusen	*rein seidene/ reinseidene Blusen*
ins reine kommen	*ins Reine kommen*
ins reine schreiben	*ins Reine schreiben*
im reinen sein	*im Reinen sein*
richtig	
richtigliegen, richtig liegen (=Recht haben)	*richtigliegen*
richtigstellen, richtig stellen (=korrigieren, klarstellen)	*richtigstellen*
richtiggehende Uhren	*richtig gehende/ richtiggehende Uhren (aber nur: richtiggehend =vollkommen, völlig)*
das einzig richtige tun (=das, was am richtigsten ist)	*das einzig Richtige tun*
das richtigste sein (=am richtigsten sein)	*das Richtigste sein*
Riß	*Riss*
roh	
im rohen fertig sein	*im Rohen fertig sein*
Roheit	*Rohheit*
Rommé	*Rommee/Rommé*
Roß	*Ross*
rotglühende Asche	*rot glühende/ rotglühende Asche*
rückenschwimmen	*rückenschwimmen/ Rücken schwimmen*
rückwärts gehen (=in die entgegengesetzte Richtung) *rückwärtsgehen (=sich verschlechtern),* *rückwärts gehen (=alle Bedeutungen)*	*rückwärtsgehen*
ruhenlassen, ruhen lassen (=nicht in Angriff nehmen)	*ruhen lassen/ruhenlassen*

bisherige Schreibung	**neue Schreibung**
ruhig	
ruhigstellen, ruhig stellen (=einen gebrochenen Arm etc.)	*ruhig stellen/ruhigstellen*
ruhigstellen, ruhig stellen (=mit einem Medikament)	*ruhigstellen*
satt	
etwas/jemanden satt bekommen (=dessen überdrüssig werden)	*etwas/jemanden sattbekommen*
sich satt essen	*sich satt essen/sattessen*
sich satt sehen	*sich sattsehen*
etwas satt haben	*etwas satthaben*
sauber	
sauberhalten	*sauber halten*
saubermachen, sauber machen	*sauber machen/ saubermachen*
Saxophon	*Saxofon/Saxophon*
schätzenlernen	*schätzen lernen*
Schenke	*Schenke (zu ausschenken)/Schänke (zu Ausschank)*
scheu machen	*scheu machen/ scheumachen*
schiefgehen, schief gehen (=misslingen)	*schiefgehen*
schlank machen	*schlank machen/ schlankmachen*
schlecht	
schlechtgehen, schlecht gehen (=sich in einer üblen Lage befinden)	*schlecht gehen/ schlechtgehen*
jmdn. schlechtmachen, schlecht machen	*jemanden schlechtmachen*
schlechtgelaunt	*ein schlecht gelaunter/ schlechtgelaunter Freund*
Schlegel (=Schlagwerkzeug, Keule)	*Schlägel (Schlagwerkzeug), Schlegel (Keule, z. B. vom Reh)*
schließen	
schloß	*schloss*
schlimm	
auf das, aufs schlimmste verprügelt werden (wie?)	*auf das, aufs Schlimmste/ schlimmste verprügelt werden (wie?) Aber: auf das, aufs Schlimmste vorbereitet sein (worauf?)*
Schloß	*Schloss*
Schluß	*Schluss*

bisherige Schreibung	**neue Schreibung**
schmeißen	
schmiß	*schmiss*
schneuzen	*schnäuzen (zu Schnauze)*
schönmachen, schön machen (=verschönern, es sich gemütlich machen)	*schön machen/schönmachen*
schräg	
schräg stellen	*schräg stellen/schrägstellen*
schräglaufende Linien	*schräg laufende/schräglaufende Linien*
schrecklich	
auf das, aufs schrecklichste zugerichtet werden (wie?)	*auf das, aufs schrecklichste/Schrecklichste zugerichtet werden (wie?), Aber: auf das, aufs Schrecklichste gefasst sein (worauf?)*
schreien	
geschrie[e]n	*geschrien*
Schuld	
schuld geben, haben	*Schuld geben, haben*
zuschulden kommen lassen	*zuschulden/zu Schulden kommen lassen*
Schuß	*Schuss*
schwachbevölkerte Gebiete	*schwach bevölkerte/schwachbevölkerte Gebiete*
schwarz	
schwarzmalen, schwarz malen (=etwas pessimistisch darstellen)	*schwarzmalen*
schwarzsehen, schwarz sehen (=an einen üblen Ausgang glauben)	*schwarzsehen*
das Schwarze, schwarze Brett	*das schwarze/Schwarze Brett*
der Schwarze, schwarze Peter	*der schwarze/Schwarze Peter*
schwer	
schwerfallen, schwer fallen (=Mühe bereiten)	*schwerfallen*
schwermachen, schwer machen (=Schwierigkeiten bereiten)	*schwer machen/schwermachen*
schwernehmen, schwer nehmen (=zu Herzen nehmen)	*schwernehmen*
sich schwertun, schwer tun (=sich abmühen)	*sich schwertun*
schwerverständlich, schwer verständlich	*schwer verständlich/schwerverständlich*

bisherige Schreibung	**neue Schreibung**
Science-fiction	*Sciencefiction/Science-Fiction*
sein (Verb)	
seinlassen	*sein lassen*
sein (Possessivpronomen)	
die Seinen	*die seinen/Seinen*
die Seinigen	*die seinigen/Seinigen*
das Seine	*das seine/Seine*
das Seinige	*das seinige/Seinige*
Seite	
auf seiten	*aufseiten/auf Seiten*
von seiten	*vonseiten/von Seiten*
selbstgebackener Kuchen	*selbst gebackener/selbstgebackener Kuchen*
selbständig	*selbstständig/selbständig*
seligpreisen, selig preisen	*seligpreisen*
Sequenz	
sequentiell	*sequenziell/sequentiell*
seßhaft	*sesshaft*
S-förmig	*s-förmig/S-förmig*
Shopping-Center	*Shoppingcenter/Shopping-Center*
Short story	*Shortstory/Short Story*
Shrimp	*Schrimp/Shrimp*
sicher	
auf Nummer Sicher gehen	*auf Nummer sicher/Sicher gehen*
das sicherste sein (=am sichersten)	*das Sicherste sein*
im sichern sein (=geborgen sein)	*im Sichern sein*
sitzenbleiben, sitzen bleiben (=nicht versetzt werden)	*sitzen bleiben/sitzenbleiben*
S-Laut	*s-Laut*
Small talk	*Smalltalk/Small Talk*
soviel	*so viel*
so daß	*sodass/so dass*
Soft Drink	*Softdrink/Soft Drink*
Soft-Eis	*Softeis*
Soft Rock	*Softrock/Soft Rock*
sonstig	
das sonstige	*das Sonstige*
Soufflé	*Soufflee/Soufflé*
soweit sein (=fertig)	*so weit sein*
sowohl	
das Sowohl-Als-auch	*das Sowohl-als-auch*
Spaghetti	*Spagetti/Spaghetti*
spazierengehen	*spazieren gehen*
spitz schleifen	*spitz schleifen/spitzschleifen*
Spitze	
das war Spitze	*das war spitze*

bisherige Schreibung	**neue Schreibung**
sprießen	
sproß	*spross*
Sproß	*Spross*
Stand	
außerstand setzen	*außerstand/ außer Stand setzen*
außerstande sein	*außerstande/ außer Stande sein*
instand halten	*instand/in Stand halten*
zustande bringen	*zustande/ zu Stande bringen*
stark	
sich starkmachen, sich stark machen (= sich für etwas einsetzen)	*sich starkmachen*
starkbesiedelte Gebiete	*stark besiedelte/ starkbesiedelte Gebiete*
statt	
an Eides Statt	*an Eides statt*
an Kindes Statt	*an Kindes statt*
statt dessen	*stattdessen*
steckenbleiben, stecken bleiben (= nicht weiterwissen, nicht weiterkönnen)	*stecken bleiben/ steckenbleiben*
stehen	
stehenbleiben, stehen bleiben (= aufhören zu gehen, zu lesen etc.)	*stehen bleiben/ stehenbleiben*
stehenlassen, stehen lassen (= nicht länger beachten)	*stehen lassen/ stehenlassen*
steif	
die Ohren steifhalten, steif halten	*die Ohren steifhalten*
steif schlagen	*steif schlagen/ steifschlagen*
Stengel	*Stängel (zu Stange)*
Stenographie	*Stenografie/Stenographie*
Steptanz	*Stepptanz (zu steppen)*
Stewardeß	*Stewardess*
stiftengehen	*stiften gehen*
still	
im stillen (= unbemerkt)	*im Stillen*
Stilleben	*Stillleben/Still-Leben*
Stoffetzen	*Stofffetzen/Stoff-Fetzen*
streng	
strengnehmen	*streng nehmen*
strenggenommen	*streng genommen/ strenggenommen*
Streß	*Stress*
Stukkateur	*Stuckateur (zu Stuck)*

bisherige Schreibung	**neue Schreibung**
Substanz	
substantiell	*substanziell/substantiell*
Tag	
zutage bringen	*zutage/zu Tage bringen*
Talk-Show	*Talkshow/Talk-Show*
Thunfisch	*Tunfisch/Thunfisch*
Tip	*Tipp (zu tippen)*
Tolpatsch	*Tollpatsch (zu toll)*
totschlagen	*tot schlagen/totschlagen*
Trekking	*Trekking/Trecking*
treuergebene Freunde	*treu ergebene/ treuergebene Freunde*
trocken	
trockenreiben (= durch Reiben trocknen)	*trocken reiben/ trockenreiben*
auf dem trockenen sitzen (= in Verlegenheit sein)	*auf dem Trockenen sitzen*
etwas im trockenen haben, ins trockene bringen (= etwas sicher haben)	*etwas im Trockenen haben, ins Trockene bringen*
Troß	*Tross*
trüb	
im trüben fischen (= Unklarheiten ausnutzen)	*im Trüben fischen*
tschüs	*tschüs/tschüss*
übel	
übelgelaunte Menschen	*übel gelaunte/ übelgelaunte Menschen*
übelnehmen, übel nehmen	*übel nehmen/übelnehmen*
übelwollen, übel wollen	*übelwollen*
Überdruß	*Überdruss*
übereinanderstellen, übereinander stellen	*übereinanderstellen*
überhandnehmen, überhand nehmen	*überhandnehmen*
überschwenglich	*überschwänglich (zu Überschwang)*
übrig	
übrigbleiben, übriglassen (= als Rest bleiben, lassen)	*übrig bleiben, lassen*
etw. für jemanden übrighaben, übrig haben	*etwas für jemanden übrighaben*
die übrigen	*die Übrigen*
das, alles übrige	*das, alles Übrige*
ein übriges tun	*ein Übriges tun*
im übrigen	*im Übrigen*
U-förmig	*u-förmig/U-förmig*
Ultima ratio	*Ultima Ratio*
um so mehr, weniger	*umso mehr, weniger*
umstehend	
im umstehenden	*im Umstehenden*

bisherige Schreibung	neue Schreibung
unbekannt	
Anzeige gegen Unbekannt	Anzeige gegen unbekannt
unermeßlich	unermesslich
ungeheuer	
ins ungeheure steigern	ins Ungeheure steigern
ungewiß	ungewiss
im ungewissen bleiben, lassen, sein	im Ungewissen bleiben, lassen, sein
ungezählte kamen (= sehr viele)	Ungezählte kamen
Ungunsten	
zuungunsten	zuungunsten/ zu Ungunsten
unheilverkündende Zeichen	Unheil verkündende/ unheilverkündende Zeichen
unklar	
im unklaren bleiben, sein	im Unklaren bleiben, sein
unpäßlich	unpässlich
unrecht, Unrecht bekommen, geben, haben	Unrecht/unrecht bekommen, geben, haben
unser	
die unseren	die unseren/Unseren
die Unsrigen	die unsrigen/Unsrigen
das Unsere	das unsere/Unsere
das Unsrige	das unsrige/Unsrige
unten	
untenstehende Abschnitte	unten stehende/ untenstehende Abschnitte
das Untenstehende	das unten Stehende/ das Untenstehende
untenstehendes	unten Stehendes/ Untenstehendes
im untenstehenden	im unten Stehenden/ im Untenstehenden
untereinanderschreiben, untereinander schreiben	untereinanderschreiben
unzählige kamen (= sehr viele)	Unzählige kamen
Varieté	Varietee/Varieté
verbleuen	verbläuen (zu blau)
verborgen	
im verborgenen	im Verborgenen
verdrießen	
verdroß	verdross
Verdruß	Verdruss
vereinzelte kamen (= einige)	Vereinzelte kamen
Vergißmeinnicht	Vergissmeinnicht
Verlaß	Verlass
verlorengehen, verloren gehen	verloren gehen/ verlorengehen

bisherige Schreibung	neue Schreibung
verschieden	
verschiedene, verschiedenste kamen (= einige)	Verschiedene, Verschiedenste kamen
verschiedenes, verschiedenstes (= manches)	Verschiedenes, Verschiedenstes
vertrauenerweckende Maßnahmen	Vertrauen erweckende/ vertrauenerweckende Maßnahmen
viel	
das viele	das viele/Viele
die Vielen	die vielen/Vielen
das meiste	das meiste/Meiste
die meisten	die meisten/Meisten
viertel	
um Viertel acht	um viertel acht (aber: Viertel vor acht)
vis-à-vis	vis-a-vis/vis-à-vis
voll	
volladen, voll laden	voll laden/vollladen
sich den Bauch vollschlagen, voll schlagen	sich den Bauch vollschlagen
ins volle greifen	ins Volle greifen
aus dem vollen schöpfen	aus dem Vollen schöpfen
voneinandergehen, voneinander gehen	voneinandergehen
von seiten	vonseiten/von Seiten
vonstatten gehen	vonstattengehen
vorangehen	
im vorangehenden	im Vorangehenden
voraus	
im, zum voraus	im, zum Voraus
vorausgehen	
im vorausgehenden	im Vorausgehenden
vorhergehend	
im vorhergehenden	im Vorhergehenden
vorhinein	
im vorhinein	im Vorhinein
vorliebnehmen, vorlieb nehmen	vorliebnehmen
vorschießen	
schoß vor	schoss vor
Vorschuß	Vorschuss
vorwärtsbringen, vorwärts bringen (= fördern)	vorwärtsbringen
vorwärts gehen (= nach vorne, nicht nach hinten) vorwärtsgehen (= besser werden), vorwärts gehen (= alle Bedeutungen)	vorwärtsgehen

bisherige Schreibung	neue Schreibung
Waggon	Waggon/Wagon
wahr machen	wahr machen/ wahrmachen
warm	
warmhalten/warm halten (= die Gunst erhalten)	warmhalten
warm machen	warm machen/ warmmachen
warm werden (= vertraut werden)	warmwerden
wasserabweisender Stoff	Wasser abweisender/ wasserabweisender Stoff
Weg	
zuwege bringen	zuwege/zu Wege bringen
weh tun, wehtun	weh tun/wehtun
weich	
weich machen	weich machen/ weichmachen
weichmachen, weich machen (= zum Nachgeben bewegen)	weichmachen
weichgeklopftes Leder	weich geklopftes/ weichgeklopftes Leder
weiß	
weißgekleidete Menschen	weiß gekleidete/ weißgekleidete Menschen
weit	
im, des weiteren	im, des Weiteren
von weitem	von Weitem/weitem
ohne weiteres	ohne Weiteres/weiteres
Weltkrieg	
der erste/Erste Weltkrieg	der Erste Weltkrieg
wenig	
das, dieses wenige	das, dieses wenige/ Wenige
die, diese wenigen	die, diese wenigen/ Wenigen
weniges	weniges/Weniges
wesentlich	
im wesentlichen	im Wesentlichen
wichtig	
sich wichtig machen	sich wichtigmachen
Wiedersehen	
auf Wiedersehen sagen	Auf Wiedersehen sagen/ auf Wiedersehen sagen
wissen	
wußte	wusste
wohl	
sich wohl fühlen	sich wohl fühlen/ wohlfühlen
wohltun, wohl tun	wohltun
wohlgesetzte Worte	wohl gesetzte/ wohlgesetzte Worte

bisherige Schreibung	neue Schreibung
wundliegen, wund liegen	wund liegen/wundliegen
Wunder	
er hat wunder was getan	er hat Wunder was getan
Wurscht	
das ist mir Wurscht/Wurst	das ist mir wurscht/wurst
X-beinig	x-beinig/X-beinig
Zäheit	Zähheit
zahllose, zahlreiche kamen (= viele)	Zahllose, Zahlreiche kamen
Zeit	
eine Zeitlang, Zeit lang	eine Zeit lang/Zeitlang
Zierat	Zierrat
zueinanderfinden, zueinander finden	zueinanderfinden
zufrieden	
sich zufriedengeben, zufrieden geben	sich zufriedengeben
zufriedenlassen, zufrieden lassen	zufriedenlassen
zufriedenstellen, zufrieden stellen (= befriedigen)	zufrieden stellen/ zufriedenstellen
zugrunde gehen, richten	zugrunde/zu Grunde gehen, richten
zugunsten	zugunsten/zu Gunsten
zugute halten	zugutehalten
zu Hause	zu Hause/zuhause
zu Lasten	zulasten/zu Lasten
zuleide	zuleide/zu Leide
zumute	zumute/zu Mute
zunutze machen	zunutze machen/ zu Nutze machen
zupaß kommen	zupass kommen
zu Rande kommen	zurande/zu Rande kommen
zu Rate ziehen	zurate/zu Rate ziehen
zur Zeit (= jetzt)	zurzeit
zuschulden kommen lassen	zuschulden/zu Schulden kommen lassen
zu seiten	zuseiten/zu Seiten
zustande bringen	zustande/ zu Stande bringen
zutage fördern	zutage/zu Tage fördern
zuungunsten	zuungunsten/ zu Ungunsten
zuteil werden	zuteilwerden
zuwege bringen	zuwege/zu Wege bringen

Lösungen

TRAININGSKURS
für Erwachsene

Die neue Rechtschreibung

1.1 Schreibung von Substantiven

Aufgabe 1 –

Aufgabe 2
rauchen; rechnen; telefonieren
Büro; Weihnachten; Computer; Gehalt
grün; groß; viel
der; ein
du; er; sie

Aufgabe 3
Schuld; Schuld; schuld; schuld; gram; schuld; pleite; angst und bange; ernst; leid; Ernst; Leid; recht; Recht; Recht; recht; wert; Wert

Aufgabe 4
kraft; dank; rechtens; seitens; trotz; namens

1.2 Substantive in festen Verbindungen ...

Aufgabe 1
Auto; Maschine; Folge; Ski; Schlange; Feuer; Weite; Ausschau

Aufgabe 2
in Kraft; außer Stande/außerstande;
außer Stande/außerstande; im Stande/ imstande;
infrage/in Frage; zugrunde/zu Grunde;
zumute/zu Mute; zurande/zu Rande;
zuschanden/ zu Schanden

Aufgabe 3
in Bezug auf; Mit Bezug auf; Im Grunde;
Auf Grund/Aufgrund; auf Seiten/aufseiten;
Vonseiten/Von Seiten; Mit Hilfe/Mithilfe;
zu Gunsten/zugunsten; zu Lasten/zulasten

Aufgabe 4
Auto fahren; zu Gunsten/zugunsten; Maschine geschrieben; Kugel schieben; Folge leistet; Maß hält/maßhält; Schlange stehen, Sport getrieben; Schlittschuh laufen; Dank sagen/danksagen; Pech haben; Weite zu suchen

1.3 Kleinschreibung von Adjektiven

Aufgabe 1
dick, dicker, am dicksten – dünn, dünner, am dünnsten; leicht, leichter, am leichtesten – schwer, schwerer, am schwersten; breit, breiter, am breitesten – schmal, schmaler, am schmalsten; alt, älter, am ältesten – jung, jünger, am jüngsten; spät, später, am spätesten – früh, früher, am früh(e)sten

Aufgabe 2
bequemste; am spätesten; älteste; leichtesten; bunteste; liebsten; nötigsten

Aufgabe 3
(Auf die Wiedergabe des Textes in Normalschreibung wurde verzichtet.)
ersten; französischen; zurückhaltenden; Äußerstes; hyperschnellen; satte; älteren; geölten; vollem; olympiareife; wilden; bizarren; riesigen; absolutes; 60-minütigen; fanatischen; kalten; französischen; fantasievoll geschminkten; grell gefärbten; britischen; Kreideweiß; Stahlblau; Feuerrot; wilden; viele; müde; spießig

1.4 Großschreibung von Adjektiven

Aufgabe 1 –

Aufgabe 2

Neuste	Mögliche
neusten	nützliche
Grün	kranken
grünen	Kranken

Aufgabe 3
Unerwartete; junge; lange; Große; niedrigen; großer; Besten; blonden; Neue; Geringste; Blonden

Aufgabe 4

manches Nützliche	nichts Besonderes
etwas Feuchtes	viel Nettes
wenig Anspruchsvolles	wenig Schlechtes
alles Mögliche	genug Essbares

Aufgabe 5
Frankfurter Würstchen; fränkischer Kartoffelsalat; Thüringer Bratwurst, argentinische Steaks; irische Fische; chinesische Bohnen; französischer Champagner; spanische Weintrauben

Aufgabe 6
Bayerische; New; Stillen; bayerischen, homerischen; goetheschen; Norddeutsche; Vereinigten; Fernen Osten; Großen; Zum Goldenen Anker; Schweizer; italienischer; chinesischen; norwegischer; Mecklenburgische; Sankt Galler; Savoyer; Spanischen; Vatikanischen; italienische; Bad Krozinger; Londoner; heimatlichen

1.5 Zahlen, unbestimmte Zahladjektive, Farb- und Sprachbezeichnungen

Aufgabe 1
Unzählige; Weißen; schwarzer; Schwarze; Weißen; Schwarz; Weiß; Weißer; Schwarzen; Schwarzen; Dunkle; Zahllose; einen (auch: Einen); anderen (auch: Anderen)

Aufgabe 2
sechs Milliarden; <u>Ein</u> Achtel; Ersten; <u>die</u> Zweite; Sechste; <u>der</u> Erste; Dritter

Aufgabe 3
Verschiedenes; Einzelnen; Mögliche; Sonstiges

Aufgabe 4
Schwarze; Rot; Gelb; Orange; Gelb; Rot; Englischen; Deutsche; Japanisch; englischen; Deutsch

Aufgabe 5
Sechs; Tausende/tausende; Millionen; zweit; eines/Eines; Ersten; Einzelne; Erstes; Unzählige; Sechs; Vier; Letzten; Fünf; Zweitletzte; Zweit- oder Drittbeste; anderen/Anderen; eins; zwei; drei; Siebte; Achte; Zehnte; Letzten; Ersten

1.6 Paarformeln, Redewendungen, Begriffe

Aufgabe 1 –

Aufgabe 2
Trocknen; Reine; Trüben; Geheimen; Geringes; Geringste; Neue; Richtig(st)e; Klaren; Beträchtliches; Einfachste

Aufgabe 3
Großen und Ganzen; Auf und Ab; im Guten wie im Bösen; Groß und Klein

Aufgabe 4
Stille; bayerisches; Bayerischen; Regierende; Atlantische; atlantischen; rote; Grüne; hohen; frohe; neuen

Aufgabe 5
Edamer; Schweizer; westfälischen; Thüringer; Flensburger; griechische; französische; spanischen; Hamburger; holländische; Leipziger; Schwäbischen; Veltiner

Aufgabe 6
sizilianischer; Schweizer; italienische; deutsch-italienische; südländische; schwarzen; portugiesische; italienische; Deutsche; italienischen; schleswig-holsteinischen

1.7 Sonstige Wortarten und Doppelschreibungen

Aufgabe 1
im Wesentlichen; im Einzelnen; im Voraus; im Nachhinein; Aber

Aufgabe 2
im Einzelnen; Einzelnen; Ach und Weh; Ich; im Vordergrund; Im Allgemeinen; Ja; Drumherum; Oder; Entweder-oder

Aufgabe 3
Tausende/tausende; Dutzend; Tausend; Hundert/hundert; Abertausender/abertausender; Dutzend

Aufgabe 4
auf das Einfachste/einfachste; auf das Widerwärtigste/Gemeinste/widerwärtigste/gemeinste; Preiswerteste; auf das Herzlichste/herzlichste

1.8 Schreibung von Verben

Aufgabe 1
schwitzte; zahlen; führen; ringt; ist; absolviert; glauben; bedeuten soll; ist; erfüllen; ist; lassen zu; beschränken sich; sein soll; gilt; werden; finden; ist; treiben; spricht; empfiehlt sich; vergessen

Aufgabe 2
schätzt ein; schätzte ein; hat eingeschätzt; liefert; lieferte; hat geliefert; bestellt; bestellte; hat bestellt

Aufgabe 3
laufen, laufend, gelaufen; bleiben, bleibend, geblieben; denken, denkend, gedacht; rufen, rufend, gerufen; antworten, antwortend, geantwortet

Aufgabe 4
Arbeiten; arbeiten; Mitwirken; halfen; setzte; zurückzuhalten; wusste; Wissen; motivierte; Faulenzen

Aufgabe 5
Das Segeln setzt ebenso wie das Surfen Wind voraus.
Unter gesundheitlichen Aspekten betrachtet ist das Joggen dem Sprinten vorzuziehen.
Das Tanzen ist Mannschaftssport, das Fechten eher eine Einzeldisziplin.

Aufgabe 6
Beim Kochen sollte man Fantasie entwickeln.
Ich bin zu müde zum Ausgehen.
Durchs Fernsehen soll die Kommunikation leiden.
Vom Basteln hatte er Erfahrung für seinen Beruf.

Aufgabe 7
Dein Schnarchen weckt die ganze Nachbarschaft. Dies ständige Meckern stört sehr. Ihr Tippen brachte nach 20 Jahren den ersten Erfolg im Lotto. Sein Protzen amüsiert nur noch. Uwes Schwatzen lenkt ab.

Aufgabe 8
Beim Auspacken der Weinkisten rochen wir, dass einige Flaschen zerbrochen waren.
Vor dem Ausstellen der Rechnung ...
Während des Bearbeitens/der Bearbeitung Ihres ersten Auftrages ...
Beim Eintreffen waren die bestellten Instrumente schon zerbrochen.
Wegen Ihres Versäumens/Ihres Versäumnisses(,) die Bestellnummer anzugeben(,) kann die ...

1.9 Anredepronomen und Zeitangaben

Aufgabe 1
Ihnen; Sie; sie; Sie; Ihnen; Sie; ihrem; Sie; Ihr

Aufgabe 2
Richtig ist: Montag; freitags; sonntags; dienstags; morgens; nachmittags; montags morgens; Morgen

Aufgabe 3
dich/Dich; deine/Deine; Samstag; dir/Dir; Freitag; deiner/Deiner; Freitag

dir/Dir; Morgen; Abend; du/Du; du/Du; deiner/Deiner; du/Du; Freitagabend; Sonntagmorgen; dich/Dich; morgen Nachmittag; Deine

Abend; ihr/Ihr; Morgen; ihr/Ihr; euch/Euch; Mittag; eure/Eure; ihr/Ihr; Nachmittag; ihr; ihrem; Eure

Sie; Ihr

Ihnen; Morgen; Nachmittag; Ihrer; Ihnen; Sie

Sie; Sie; Ihre; Sonntag; Sie; Sie; Ihre; Sonntagmorgen; Sie; Nachmittag; Sie; Ihr

Aufgabe 4–10 –

2.1 Wortzusammensetzungen

Aufgabe 1, 2 –

Aufgabe 3
Häufig unterstützen witzige oder ironische Wortbildungen eine Rede oder einen Artikel. Solche Neuwörter sind zuerst in keinem Wörterbuch zu finden. Erst nach und nach werden sie aufgenommen. So werden Gesetze, die fertig vorliegen und deren Beschlussfassung jedoch immer wieder verschoben wird, als Schubladengesetze bezeichnet. Es gibt Ladenhüter, Kredithaie, das Gießkannenprinzip, die Salamitaktik, die Milchmädchenrechnung ...

Aufgabe 4 –

Aufgabe 5
Irgendwer; Irgendwo; so viele; sowieso; so viele; irgendein; Irgendjemand; Zu wenige; zu viel; zu wenig; irgendeinen; irgendwelche; wie viele

2.2 Zusammenschreibung in Verbindung mit Verben

Aufgabe 1
hinterhergehen, hinterging, hintergangen; niederreißen, er riss nieder, niedergerissen;
wahrsagen, wahrsagte/sagte wahr, gewahrsagt/ wahrgesagt; bloßstellen, stellte bloß, bloßgestellt;
zusammenkommen, kamen zusammen, zusammengekommen;
durchsuchen, durchsuchte, hat durchsucht

Aufgabe 2
abrechnen; aufrechnen; vorrechnen; anrechnen; nachrechnen; abtrennen; auftrennen; heraustrennen; abstellen; aufstellen; anstellen; herausstellen; vorstellen; nachstellen; unterstellen; abschreiben; aufschreiben; anschreiben; herausschreiben; vorschreiben; unterschreiben

Aufgabe 3
blaumachen, lang schlafen, weismachen, leichtfallen, schiefgehen, krankschreiben, fernsehen, langweile

Aufgabe 4
frei gesprochen; wieder gewonnen; zusammen gespielt; dabeigesessen

Aufgabe 5
festgesetzt; gutgeschrieben; großgeschrieben; gut geschrieben; standgehalten; hinausgeschwommen; widersprechen; groß geschrieben; bereithalten

Aufgabe 6
kleingeschrieben; klein schreiben; wiedergewonnen; wieder gewinnen; weisgemacht; vorkommt; nachschlagen; einsetzen; daher gekommen; dahergekommen

2.3 Getrenntschreibung in Verbindung mit Verben

Aufgabe 1, 2 –

Aufgabe 3
Teppich klopfen; Auto fahren; Fuß fassen; Angst haben; Angst machen;
getrennt schreiben; geschenkt bekommen; gesagt bekommen; geliehen bekommen

Aufgabe 4
platzen lassen/platzenlassen, stecken lassen, stehen lassen, gehen lassen/gehenlassen, ziehen lassen/ziehenlassen, sitzen bleiben/sitzenbleiben, haften bleiben/haftenbleiben, schießen lassen/ schießenlassen, liegen bleiben/liegenbleiben, stecken bleiben/steckenbleiben, sitzen bleiben, hören lassen

Aufgabe 5
gehen lassen/gehenlassen; sitzen bleiben, getrennt lesen; bekannt machen/bekanntmachen oder bekannt geben/bekanntgeben, bereit sein, bekannt gegeben/ bekanntgegeben, verloren gehen/verlorengehen

Aufgabe 6
Autofahren; schwindlig werden; Tennisspielen; Dabeisein/Dabei sein; bekannt machen/bekanntmachen; verloren gehen/verlorengehen; Radfahren; Skilaufen; Schlittschuhlaufen; naheliegen; Zusammensein

2.4 Der Bindestrich

Aufgabe 1 –

Aufgabe 2
s-förmig (S-förmig); o-beinig (O-beinig); x-beinig (X-beinig); T-Träger; x-mal;
V-Ausschnitt; i-Tüpfelchen

Aufgabe 3
14-karätig; 90er-Jahren (90er Jahren);
50-prozentig; 2-silbig; 2-Pfünder; 40-Jähriger;
3-monatig; 80er; 10-seitig; 8-Kilogramm-Packung; 8-mal; 100-Meterlauf; 10-Euro-Schein

Aufgabe 4
Kraftfahrzeug; Deutsche Industrie-Norm; Deutscher Fußballbund; Europäische Union; Technischer Überwachungsverein; Diplom
(Weitere Beispiele:) GG: Grundgesetz; DB: Deutsche Bahn;
MdB: Mitglied des Bundestages;
HGB: Handelsgesetzbuch;
EKD: Evangelische Kirche Deutschlands;
IGM: Industriegewerkschaft Metall

Aufgabe 5–7 –

2.5 Straßennamen

Aufgabe 1–3

Aufgabe 4
Anne-Frank-Weg; Am Stadion; Seestraße; Untere Breite Straße; Im Wiesental; Auf dem Segensberg; Am Hohen Malberg; Pastor-Bergmann-Str.; Am Langen Reck; An der Kirche; Bielefelder Str.; Breslauer Ring; Unterer Stiller Winkel; Zur Schönen Aussicht

Aufgabe 5
Brandenburger Str.; Am Südbahnhof; An der Alten Mauer; Oberer Kreuzweg; Münchener Platz, Mindener Str.; Große Wallstr.; Jenaer Str.; Lange Str.; Am Freibad; Berliner Platz; Unter den Linden; An der Sandkuhle; Brauhausstr.; Klosterstr.; Grenzstr.; Johanniskrautweg; Martinstr.; Marktstr.; Markthallenstr.; Amrumstr.; Eschenweg; Dürerstr.;
Hermann-Löns-Str.; Robert-Koch-Allee

Aufgabe 6–10 –

3.2 *s, ss* oder *ß*?

Aufgabe 1 –

Aufgabe 2
Bis auf *Fleiß* immer *ss*-Schreibung.

Aufgabe 3
gießen; gießt; goss; gegossen; Guss
beißen; beißt; biss; gebissen; Biss
lassen; lässt; ließ; gelassen; lässig
müssen; muss; musste; gemusst; müßig

Aufgabe 4
passte; geschlossen; heißt; Feste; musste; herunterlassen; ließ; herunterrasseln; Klaus; musste; das; hast; hasst; heiß; Schweiß; geflossen; Russland; Straßen; verbessern; muss; was; zugegebenermaßen; stressig; ist; isst; ist; Fluss; Floß; fließenden; Wassermassen

Aufgabe 5
massenattraktiven; anzupassen; übermäßige; vergrößerte; Zulassung

3.3 *das* oder *dass*?

Aufgabe 1 –

Aufgabe 2
Dass der Zug; Das Kind, das das Spielzeug; dass Egon das gesagt; dass er Genaueres; das er; das hier

Aufgabe 3
das; das; Dass; das; dass; das

Aufgabe 4
Richtig ist: dass; das; das; dass; das

Aufgabe 5
dass; das; das; Das; das; das; das; Dass; das; Das; das; das; Das; das; das; das; Dass; das; dass; Das; dass

Aufgabe 6
dass; das; das; Das; dass; dass; dass; das; dass; Das

Aufgabe 7
Das; das; das; dass das; das; dass

3.4 Fremdwortschreibung

Aufgabe 1 –

Aufgabe 2
Telefone; grafische; Fotos; Delfine; Fotokopien; fantastischen; existenziell

Aufgabe 3
Hobbys; Lobbys; Handys; Rowdys; Ladys; Partys

Aufgabe 4
Soft Drink; Fast Food; Spam-Mail; Trend-Scout; Small Talk; Fair Play

4 Worttrennung am Zeilenende

In problematischen Fällen ziehe man ein Wörterbuch heran.

5.1 Zeichensetzung – Grundsätzliches

Aufgabe 1–3 –

Aufgabe 4
„Hast du deine Aufgaben gemacht?“, fragte der besorgte Vater seine Tochter. Am Ende des Stadtfestes kehrten die Mitarbeiter der Stadtwerke zusammen: Dosen, Flaschen, Pappeimer usw. „Wer schrieb Wilhelm Tell?“, fragte die Lehrerin. „Schiller!“, rief Doris in die Klasse. „Der Westfälische Friede wurde 1648 in Münster und Osnabrück unterzeichnet“, antwortete Dany auf die Frage der Lehrerin. „Samstag feiern wir meinen Geburtstag, meinen Führerschein usw.“, sagte Niclas am Telefon seinen Freunden und Freundinnen.

Aufgabe 5 –

5.2 Das Komma zwischen Hauptsätzen

Aufgabe 1
gelogen(,) oder …; Süddeutschland(,) und …; Fernsehspiel an, Karl …; Michael, der ein guter Freund Karins ist, und …; … glücklich(,) und er …; … überlegen(,) noch …; … gewonnen, sondern Marianne …

Aufgabe 2
Die Mutter las die Zeitung, der Vater sah die Sportschau(,) und Inga hörte ihre neue CD. Klaus kann weder ein Instrument spielen(,) noch kann er singen. Sie sprach nicht sehr laut, aber sie sprach jedes Wort sehr deutlich aus. Klaus fuhr gerne Rad, doch das Auto mochte er auch. Herr Müller wollte im Streit mit seiner Nachbarin Recht bekommen, aber das Gericht urteilte zu ihren Gunsten. Er fand sich mit dem Urteil weder ab(,) noch verstand er die Begründung des Gerichts, aber er legte keine Berufung ein. Manfred, der ein glühender Verehrer der Beatles war und der …

Aufgabe 3
„Peter, schreibe den Brief sofort und bringe ihn zur Post. Beeile dich damit, aber Inge soll ihn vorher noch durchlesen.“ Inge las den Brief, doch Peter hörte nicht auf ihre Einwände(,) und er lachte sie wegen ihrer Kritik aus. Er sagte schließlich: „Entweder lasse ich den Brief

unverändert(,) oder ich schicke ihn nicht weg!" Dies wiederum missfiel Inge: „Wolltest du nun meine Meinung hören(,) oder wolltest du mich nur beschäftigen?"
Klaus trug seine Meinung vor, jedoch widersprach ihm Hans energisch, doch Karin unterstützte mit vielen Beispielen Klaus, aber Angela suchte wie immer einen Kompromiss. Es muss doch nicht immer der eine oder der andere Recht haben. Strittige Fragen, die alle betreffen, kann nicht der Einzelne entscheiden, vielmehr sollten ...

Aufgabe 4
... Vorschriften, vielmehr ...; ... Kanalisation, aber es ...; ... externe Vorteile, aber dem Verein bzw. ...; ... erreicht werden, aber die Überwachung kostet zusätzlich Geld, zudem haben ...

Aufgabe 5 –

5.3 Das Komma zwischen Wörtern und Satzteilen

Aufgabe 1
... jung, vielseitig begabt und ...; ... Söhnke, Inhaberin einer Werbeagentur, einen kreativen, zukunftsorientierten ...; ... Texte, Ideen für Spots und ...; ... gefragt waren, sondern ...; ... entwarf, teils

Aufgabe 2
Kommasetzung in allen Fällen; bis auf: grünen(,) chinesischen Tee

Aufgabe 3
Bis auf den dritten und vierten Satz generell Kommasetzung: ... Motorenfirma(,) Hans Meister(,) führte ...; ... E. Neuner treffen ...

Aufgabe 4
... Briefmarken, bald ...; ... Hamburg, teils ...; ... Schülerin, sondern ...

Aufgabe 5
Bei der Gesetzesangabe steht kein Komma, nach der Uhrzeit ist es freigestellt.

Aufgabe 6
... Werkes(,) Dr. Ina Müller(,) ... Absicht war es, die Hierarchien ... Briefe schreiben, sondern ... Sachbearbeiter, und zwar ... Software, von Briefpools ...; ... mehrjähriges, wissenschaftlich ...; ... zustimmend, teils ...

Aufgabe 7 –

5.4 Das Komma zwischen Haupt- und Nebensatz, bei Infinitiv- und Partizipgruppen

Aufgabe 1
Sie hofften, dass der Winter milde würde und ...;
... milden Winter hofften, kauften sie nur wenig Öl, wurden aber ...;
... Wetter nicht bessert, dann wird es eine schlechte Saison, weil die ...;
... Ferienbetriebe, die in der Erwartung, dass ... kommen würden, viel Kapital ... hatten, müssen ...

Aufgabe 2
Petra, die eine Fachoberschule besuchte, wollte ... arbeiten, weil sie ...; ... Heimatstadt an, schilderte ihren Wunsch, als ... wollen, und wunderte sich, dass sie sehr schnell Absagen bekam. Als sie sich umhörte, wurde ihr schnell klar, welche Fehler ...; ... viel zu allgemein gefragt, sodass ihren Gesprächspartnern nicht klar wurde, warum sie ... absolvieren wollte, zum anderen erwarteten alle ...; Also setzte sie sich hin, verfasste ein Bewerbungsschreiben, bei dem sie sich an Musterbriefen orientierte, und ...; ... begründete sie ausführlich, warum sie gerade ... ableisten wollte, weiterhin hob sie hervor, welche Qualifikationen ... Sie war erstaunt, welche Erfolge sie mit dieser Taktik hatte, denn sie bekam ...

Aufgabe 3
... besuchte mich, *um* ... zu helfen. *Anstatt* sich zu entschuldigen, ... nichts Schöneres, *als* ... zu haben. *Ohne* zu überlegen, ob ... passt, habe ich ... zugesagt. ... nichts weiter übrig, *als* ... zu machen. ... frei, *ohne* ... zu werfen. *Außer* ... auszuräumen, hat sie ... . Wir kommen, *um* zuzusehen, wie ihr ... . *es*, den Rasen zu mähen. ... *daran*, Briefmarken zu kaufen! *Daran*, das Buch zu verleihen, dachte ... . stöbern zu können, *das* ... . ist *es*, Kinderärztin zu werden. ... gut abzuschneiden, *das* ist ... .

Aufgabe 4
Vor Zorn bebend(,) ... . nach Hause, von Zweifeln getrieben. ... auf dem Rücken(,) machte ... . gebadet, so ... . Couch(,) in eine warme Decke gehüllt(,) ... . auf den Beinen(,) wollte ... . zu, ein Liedchen ... .

Vermischte Übungen

Aufgabe 1
von Berufs wegen; Anteil; Rad zu fahren; in Kauf nehmen; Angst; sei schuld; wurde angst und bange; Recht/recht behalten; Diät leben; Angst

Aufgabe 2
Stillen Ozean; die Weite; im Flachen; das Unendliche; alles Ferne zum Greifen nah; etwas Erfrischendem; das Folgende; alles Flimmernde;
alles Glitzernde; Blau; Grau; Kurzem/kurzem; wilde; zum Atmen; Grauenvolleres; Schrecklicheres; Rot

Aufgabe 3
4-mal: nichts Böses

Aufgabe 4
Auf Biegen und Brechen
Schön, wie sie alle gut verschweißt im Küchenregal stehen: feine Möhrchen, junge Erbsen, geschälte Tomaten, goldgelber Mais und vielleicht sogar ein Pichelsteiner Eintopf oder die eine oder andere Kohlroulade. Und wie praktisch, dass ein Griff in die Schublade reicht, und im Handumdrehen ist die Dose auf, die Currywurst im Kochtopf oder allerlei Leckeres für unsere vierbeinigen Mitbewohner im Fressnapf; Fast Food für zu Hause eben.
Vor knapp 200 Jahren ging das allerdings wesentlich langsamer: Wer eine Dose öffnen wollte, griff nicht in die Küchenschublade, sondern in die Werkzeugkiste. Denn merkwürdigerweise begnügte sich Peter Durand, als er 1810 die Konservendose erfand, mit der Überlegung, wie etwas in die Dose hineinkommen und auch möglichst lange dort bleiben könnte, ohne zu verderben. Fürs Herausholen fühlte er sich nicht mehr zuständig, das überließ er der Fantasie und dem handwerklichen Geschick der Hungrigen. Und so half nur ein Hauen und Stechen, Hämmern und Meißeln, um die Dose – die damals noch wesentlich dickere Wände hatte als heute – wieder aufzubekommen. Etwas richtig Praktisches wurde die Konservendose erst 1858 – mit der Erfindung des Dosenöffners.

Aufgabe 5
im Dunkeln tappen; im Argen liegen; des Weiteren; im Stillen; wenig Verlässliches; im Allgemeinen

Aufgabe 6
Wenn irgendeine hinfällige, lungensüchtige Kunstreiterin in der Manege auf schwankendem Pferd vor einem unermüdlichen Publikum vom peitschenschwingenden erbarmungslosen Chef monatelang ohne Unterbrechung im Kreise rundum getrieben würde, auf dem Pferde schwirrend, Küsse werfend, in der Taille sich wiegend, und wenn dieses Spiel unter dem nicht aussetzenden Brausen des Orchesters und der Ventilatoren in die immerfort weiter sich öffnende graue Zukunft sich fortsetzte, begleitet vom vergehenden und neu anschwellenden Beifallsklatschen der Hände, die eigentlich Dampfhämmer sind – vielleicht eilte dann ein junger Galeriebesucher die lange Treppe durch alle Ränge hinab, stürzte in die Manege, riefe das: Halt! durch die Fanfaren des immer sich anpassenden Orchesters.
[...]
Da es aber nicht so ist; eine schöne Dame, weiß und rot, hereinfliegt, zwischen den Vorhängen, welche die stolzen Livrierten vor ihr öffnen; der Direktor, hingebungsvoll ihre Augen suchend, in Tierhaltung ihr entgegenatmet; vorsorglich sie auf den Apfelschimmel hebt, als wäre sie seine alles geliebte Enkelin, die sich auf gefährliche Fahrt begibt; neben dem Pferde mit offenem Munde einherläuft; die Sprünge der Reiterin scharfen Blickes verfolgt; ihre Kunstfertigkeit kaum begreifen kann; mit englischen Ausrufen zu warnen versucht; die Reifen haltenden Reitknechte wütend zu peinlichster Achtsamkeit ermahnt; vor dem großen Salto mortale das Orchester mit aufgehobenen Händen beschwört, es möge schweigen; schließlich die Kleine vom zitternden Pferd hebt, auf beide Backen küsst und keine Huldigung des Publikums für genügend erachtet; während sie selbst, von ihm gestützt, hoch auf den Fußspitzen, vom Staub umweht, mit ausgebreiteten Armen, zurückgelehntem Köpfchen, ihr Glück mit dem ganzen Zirkus teilen will – da dies so ist, legt der Galeriebesucher das Gesicht auf die Brüstung und, im Schlussmarsch wie in einen schweren Traum versinkend, weint er, ohne es zu wissen.

Aufgabe 7
Hollywood am Samstagabend
Die Qual der Wahl kann einen geplanten Kinoabend mit Freunden schon vor Beginn der Vorstellung ...: Die Kinocenter werben mit Filmen für jeden Geschmack. Da ist es nicht leicht, einen Kompromiss ... Da gibt es diejenigen, die ganz offen für einen romantischen Film stimmen, in dessen Schlussszene zwei Liebende sich à la Casablanca herzzerreißend ...; doch gar nicht selten bringt eine solche Kinoschnulze Überraschendes ...: eine verstohlene Träne auch im Augenwinkel derjenigen, die nicht ohne Murren ... der anderen auf den Science-Fiction-Film verzichtet hatten. Stellt sich das wahre Kinoerlebnis bei vielen/Vielen eigentlich doch erst dann ein, wenn die technischen Tricks auf der Leinwand ... sind, sie als „Passagier" einer ausgetüftelten Raumkapsel in fremde Galaxien mitzunehmen. Auf den fernen Planeten geht es letztlich um wenig mehr als ein mörderisches Gerangel zwischen Irdischen und Außerirdischen, bei dem sich die Gegner entweder ihre wahrhaft übernatürlichen Kräfte ... machen oder aber per Knopfdruck einen Supercomputer ... ziehen. Manche Kinogänger pflegen solche Filme wegen ihrer kümmerlichen Handlung ... Dabei lassen auch sie sich – obwohl sie im Alltag keiner Fliege etwas ... können – durch die technisch eindrucksvollen Szenen in Bann ziehen.
Man muss sich ja nicht immer einig sein, aber der Kinofilm am Samstagabend ist nun wirklich kein Grund, einsam und allein vor dem Fernseher zu enden. Natürlich ist Kompromissbereitschaft vonnöten: Gibt es diese Woche „Herzschmerz", dann stehen die Chancen für „Star Wars" in der nächsten Woche ziemlich gut.

Aufgabe 8
Sehr geehrte Damen und Herren,
vor wenigen Tagen habe ich bei Ihnen ein paar H/hundert Luftballons für ein Kinderfest bestellt. Als ich heute Ihr Paket öffnete, fand ich statt der Luftballons H/hunderte von Wundertüten, mit denen ich in dieser Menge nichts anfangen kann. Wenn ich auch anfangs über Ihren Fehler verärgert war und die Sendung auf Grund Ihres Verpackungsfehlers zurücksenden wollte, möchte ich jetzt doch einen Teil behalten und einen anderen Teil zurückschicken, laut Ihren Lieferbedingungen selbstverständlich kostenfrei. Bitte senden Sie mir umgehend die bestellten Luftballons. Ich hoffe, dass Sie trotz der kommenden Feiertage pünktlich liefern können.
Mit freundlichen Grüßen

Aufgabe 9
Oftmals hab ich nachts im Bette
Schon gegrübelt hin und her,
Was es denn geschadet hätte,
Wenn mein Ich ein andrer/Andrer wär.

Höhnisch raunten meine Zweifel
Mir die tolle Antwort zu:
Nichts geschadet, dummer Teufel,
Denn der andre/Andre wärest du!

Hilflos wälzt ich mich im Bette
Und entrang mir dies Gedicht,
Rasselnd mit der Sklavenkette,
Die kein Denker je zerbricht.

Aufgabe 10
Jeder Mensch hat 2 Eltern, 4 Großeltern, 8 Urgroßeltern, 16 Ururgroßeltern, 32 Voreltern in der fünften, 64 in der sechsten, 128 in der siebenten, 256 in der achten, 512 in der neunten, 1 024 in der zehnten Generation ... Unter den 65 536 Voreltern, die jeder der jetzt lebenden Menschen im 14. Jahrhundert hatte, befinden sich gewiss Personen aller Stände und Klassen, Arme und Reiche, Freiherren und Tagelöhner, Gebildete und Ungebildete. Es kennt natürlich kein Mensch, auch wenn der Stammbaum noch so sorgfältig in der Familie aufbewahrt wurde, alle seine Vorfahren. Es ist also kein Grund vorhanden(,) einen Unterschied zwischen den Menschen zu machen, indem man sich auf ihre Herkunft bezieht. Eines jeden Wert sollte man lediglich nach dem bemessen, was ...

Aufgabe 11
... kam, in die Residenzstadt des Königs von Preußen, da wurde ... verkauft. Denn der Krieg bringt nichts, er holt. Was noch so gut verborgen war, wurde entdeckt und ... gemacht, doch nicht ... Doch kam zuletzt ... Untertanen, dachte: „Da ist ein gutes Trinkgeld zu verdienen“, und zeigt ... an, was ... da beisammenliege, woraus manch Tausend Gulden zu lösen wäre ... „Lasst Ihr die schönen Baumstämme nur liegen, wo sie sind ... Denn wenn Euer König wieder ins Land kommt, so braucht er ... Untertanen, wie Ihr ...“ Das muss der Rheinländische Hausfreund ... hergeben, wenn's fehlen sollte.

Aufgabe 12
Schwyzer vergräbt nach Fahrerflucht seinen Manta
Schwyz 19. April (ap). Die Geschichte klingt wie einer der zahllosen Manta-Witze, hat sich aber nach einem Bericht der Schweizer Polizei tatsächlich zugetragen: Ein Schwyzer Autofahrer vergrub seinen Opel Manta auf einer Wiese, um damit die Spuren seiner Fahrerflucht zu beseitigen.
Die Geschichte fing mit einer alltäglichen Meldung an, wie die Polizei der Kantonshauptstadt Schwyz am Freitag berichtete. Auf einem abgelegenen Parkplatz war in einer Märznacht ein Auto stark beschädigt worden. Der Schuldige war geflüchtet. Beamte kamen bald einem Verdächtigen auf die Spur. Zur Rede gestellt(,) wollte dieser allerdings vom Tatbestand des „Nichtgenügens der Meldepflicht“ nichts wissen. Er wisse auch nicht, wo sich sein Auto befinde, und deshalb könne er es auch nicht vorzeigen. Nach einiger Zeit löste sich das Rätsel: Der Verdächtige hatte das „Corpus Delicti“ beseitigen wollen und seinen Manta wenige Meter von seinem Wohnhaus entfernt vergraben.